LAS PERAS DEL OLMO

OCTAVIO PAZ

LAS PERAS DEL OLMO

Seix Barral 🏃 **Biblioteca Breve**

Primera edición: 1957
(Universidad Nacional Autónoma, México)

Primera edición, revisada por el autor,
en Biblioteca Breve de Bolsillo: 1971

Primera edición en Biblioteca Breve:
julio 1982
Segunda edición: julio 1986
Tercera edición: octubre 1990

ISBN: 84-322-0443-9

Depósito legal: B. 37.549 - 1990

Impreso en España

ADVERTENCIA A
LA PRIMERA EDICIÓN (1957)

Todos, o casi todos, nos enamoramos; sólo Garcilaso convierte su amor en églogas y sonetos. Sin Lepanto, Italia, el cautiverio de Argel, la pobreza y la vida errante en España, quizá Cervantes no hubiera sido lo que es; pero muchos de sus contemporáneos vivieron esa vida y, sin embargo, no escribieron el Quijote. *La locura de Nerval no explica* Las quimeras; *ni el láudano de Coleridge las imágenes de* Kubla-Khan. *Los ejemplos pueden multiplicarse. Cierto, la reacción entre vida y poesía es tema resbaladizo y no quisiera deslizarme por una de sus pendientes; lo que quiero decir, simplemente, es que el artista trasmuta su fatalidad (personal o histórica) en un acto libre. Esta operación se llama creación; y su fruto: cuadro, poema, tragedia. Toda creación transforma las circunstancias personales o sociales en obras insólitas. El hombre es el olmo que da siempre peras increíbles.*

Durante más de quince años — aunque nunca de manera continua — he practicado en diarios y revistas el periodismo literario y artístico. Los textos reunidos en este volumen son una selección de esa labor. Reflejan, hasta cierto punto, mis intereses, preferencias y preocupaciones. Digo hasta cierto punto porque muchos de estos artículos no fueron escritos por voluntad propia sino a petición de directores de revistas y periódicos. De ahí que no aparezcan algunos temas y obras que juzgo capitales o más afines y próximos a mi manera de ser. Por ejemplo, en la sección dedicada a la poesía mexicana, apenas si me detengo en la

Ifigenia cruel, de Alfonso Reyes, uno de nuestros grandes poemas; su tema no puede ser más dramático y nuestro: el desarraigo de un espíritu, su liberarse de la memoria y su final encarnación en una tierra extraña pero que hace suya por libre elección. Lo mismo debo decir de la obra poética de Xavier Villaurrutia, precisa y preciosa como un mecanismo de cristal de roca que cada noche se enciende y apaga al paso implacable de la sangre; y de Jorge Cuesta, espíritu de lucidez y generosidad incomparables y cuya vida y muerte fueron un admirable ejemplo de desprendimiento. También lamento no haberme ocupado de algunos poetas de mi edad, o un poco más jóvenes, como Alí Chumacero, poeta cada vez más dueño de sí. Sería ocioso señalar, fuera ya del ámbito mexicano, algunas grandes ausencias hispanoamericanas y españolas; al menos debo mencionar La Realidad y el Deseo, de Luis Cernuda. El tema del deseo, esto es, de la imaginación amorosa que, lanzada hacia su objeto, no teme incendiarlo ni incendiarse, para renacer de nuevo, desemboca en ese libro en el de la conciencia. Dolorosa conciencia del poeta en un mundo hostil, sí, pero también conciencia de la poesía y del amor: contemplación. Porque la poesía, que parte de la conciencia de nuestra mortalidad, nos lleva a la contemplación de la inmortalidad del amor.

Creo que todos los poetas de todos los tiempos han afirmado lo mismo: el deseo es un testimonio de nuestra condición desgarrada; asimismo, es una tentativa por recobrar nuestra mitad perdida. Y el amor, como la imagen poética, es un instante de reconciliación de los contrarios. Al escribir estos artículos y notas no me propuse sino reconocer, en la variedad de algunas obras que admiro, esta verdad común a todos.

O. P.

PRIMERA PARTE

POESÍA MEXICANA

INTRODUCCIÓN A LA HISTORIA
DE LA POESÍA MEXICANA *

España, palabra roja y amarilla, negra y morada, es palabra romántica. Devorada por los extremos, cartaginesa y romana, visigoda y musulmana, medieval y renacentista, casi ninguna de las nociones que sirven para señalar las etapas de la historia europea se ajusta completamente a su desarrollo. En realidad, no es posible hablar de una «evolución» española: la historia de España es una sucesión de bruscos saltos y caídas, danza a veces, otras letargo. Así, no es extraño que se haya negado la existencia del Renacimiento español. En efecto, precisamente cuando la revolución renacentista emigra de Italia e inaugura el mundo moderno, España se cierra al exterior y se recoge en sí misma. Mas no lo hace sin antes darse plenamente a ese mismo espíritu que luego negaría con fervor tan apasionado como su entrega. Ese momento de seducción, en el que España recibe la literatura, el arte y la filosofía renacentistas, es también el del descubrimiento de América. Apenas el español pisa tierras americanas, trasplanta el arte y la poesía del Renacimiento. Ellos constituyen nuestra más antigua y legítima tradición. Los americanos de habla española nacimos en un momento universal de España. De allí que Jorge Cuesta sostenga que el rasgo más notable de nuestra tradición es el «desarraigo». Y es verdad: la España que nos descubre no es la medieval sino la renacentista; y la

* Prólogo a la *Anthologie de la poésie mexicaine* (Colección Unesco), París, 1952.

poesía que los primeros poetas mexicanos reconocen como suya es la misma que en España se miraba como descastada y extranjera: la italiana. La heterodoxia frente a la tradición castiza española es nuestra única tradición.

Al otro día de la Conquista los criollos imitan a los poetas españoles más desprendidos de su suelo, hijos no sólo de España sino de su tiempo. Si Menéndez y Pelayo afirma que la «primitiva poesía de América puede considerarse como una rama o continuación de la escuela sevillana», ¿no podría extremarse su dicho afirmando que ésta, a su vez, no es sino un brazo del tronco italiano? Situados en la periferia del orbe hispánico, frente a un mundo de ruinas sin nombre y ante un paisaje también por bautizar, los primeros poetas novohispanos aspiran a suprimir su posición marginal y su lejanía gracias a una forma universal que los haga contemporáneos, ya que no coterráneos, de sus maestros peninsulares y de sus modelos italianos. Lo que nos queda de sus obras está muy lejos de las vacilaciones y violencias de un lenguaje que se hace y que, al hacerse, crea una literatura y modela un espíritu. Dueños de una forma transparente, se mueven sin esfuerzo en un universo de imágenes ya hechas. Francisco de Terrazas, el primer poeta apreciable del siglo XVI, no representa un alba sino un mediodía.

Si algo distingue a la poesía novohispana de la española, es la ausencia o la escasez de elementos medievales. Las raíces de nuestra poesía son universales, como sus ideales. Nacida en la madurez del idioma, sus fuentes son las mismas del Renacimiento español. Hija de Garcilaso, Herrera y Góngora, no ha conocido los balbuceos heroicos, la inocencia popular, el realismo y el mito. A diferencia de todas las literaturas modernas, no ha ido de lo regional a lo nacional y de éste a lo universal, sino a la inversa. La infancia de nuestra poesía coincide con el mediodía de la española, a la que pertenece por el idioma y de la que durante siglos no difiere sino por la constante inclinación que la lleva

12

a preferir lo universal a lo castizo, lo intelectual a lo racial.[1]

La forma abstracta y límpida de los primeros poetas novohispanos no toleraba la intrusión de la realidad americana. Pero el barroco abre las puertas al paisaje, a la flora y la fauna y aun al indio mismo. En casi todos los poetas barrocos se advierte una consciente utilización del mundo nativo. Mas esos elementos sólo tienden a acentuar, por su mismo exotismo, los valores de extrañeza que exigía el arte de la época. El barroco no podía desdeñar los efectos estéticos que ofrecían casi en bruto todos esos materiales. «El vestido de plumas mexicano» de Góngora fue utilizado por muchos. Los poetas del siglo XVII, a semejanza de los románticos, descubren la naturaleza americana a través de sus modelos europeos. Las alusiones al mundo nativo son el fruto de una doctrina estética y no la consecuencia de una intuición personal.

En la obra de Bernardo de Balbuena se ha visto el nacimiento de una poesía de la naturaleza americana. Mas este docto y abundante poeta no expresa tanto el esplendor del nuevo paisaje como se recrea en el juego de su fantasía. Entre el mundo y sus ojos se interpone la estética de su tiempo. Sus largos poemas no poseen esqueleto porque no los sostiene la verdadera imaginación poética, que es siempre creadora de mitos; pero su inagotable fantasear, su amor a la palabra plena y resonante y el mismo rico exceso de su verbosidad tienen algo muy americano, que justifica la opinión de Pedro Henríquez Ureña: «Balbuena representa la porción de América en el momento central de la espléndida poesía barroca... Su barroquismo no es complicación de imágenes, como en los andaluces, sino profusión de ador-

---

[1] Esta idea no es enteramente aplicable a la poesía popular mexicana, que sí desarrolla y modifica formas tradicionales españolas.

no, con estructura clara del concepto y de la imagen, como en los altares barrocos de las iglesias de México.» La originalidad de Balbuena hay que buscarla en la historia de los estilos y no en la naturaleza sin historia. Él mismo nos ha dejado una excelente definición de su arte:

> *Si la escultura y el pincel consuelan*
> *con sus primores los curiosos ojos*
> *y en contrahacer el mundo se desvelan...*

El arte barroco es imitación de la naturaleza, pero esa imitación es, asimismo, una recreación que subraya y exagera su imagen. Para Balbuena la poesía es un juego suntuoso y arrebatado, rico y elocuente. Arte de epígonos, la poesía colonial tiende a exagerar sus modelos. Y en ese extremar la nota no es difícil advertir un deseo de singularidad.

La exageración de lo español no era sino una de las formas en que se expresaba nuestra desconfianza ante el arte hispánico, él mismo excesivo y rotundo. La otra era la reserva, encarnada por don Juan Ruiz de Alarcón. Este gran dramaturgo — y mediano poeta lírico — opone al teatro lopesco y a su deslumbrante facilidad una obra en la que no es gratuito ver un eco de Plauto y Terencio. Frente a Lope y Tirso, el poeta mexicano dibuja un teatro de caracteres más que de situaciones, un mundo de razón y equilibrio. Y sobre todo, un mundo de probabilidades razonables, por oposición al de razones imposibles de sus adversarios. La reserva de Alarcón subraya así el verdadero sentido de las exageraciones de poetas como Bernardo de Balbuena. La naciente literatura mexicana se afirma, ya como freno a lo español, ya como su exceso. Y en ambos casos como la desconfianza de un espíritu que aún no se atreve a ser él mismo, oscilante entre dos extremos.

La religión era el centro de la sociedad y el verdadero alimento espiritual de sus componentes. Una religión a la defensiva, sentada sobre sus dogmas, porque el esplendor del catolicismo en América coincide con su decadencia en Europa. La vida religiosa de la Colonia carece de ímpetu místico y de audacia teológica. Pero si es difícil encontrar figuras comparables a San Juan de la Cruz o fray Luis de León, abundan escritores religiosos de mérito. Entre todos destaca fray Miguel de Guevara, autor de algunos sonetos sagrados entre los que aparece el famoso: «No me mueve, mi Dios, para quererte...». Como ocurre con varias de las obras maestras del idioma español, es imposible afirmar con certeza si ese soneto es realmente de Guevara. Para Alfonso Méndez Plancarte la atribución es más que probable.[2] Por lo demás, otros sonetos de Guevara, agrega este entendido crítico, «resisten la cercanía de esta composición, especialmente el que empieza: *Poner al Hijo en cruz, abierto el seno...*, que recuerda al más profundo de los sonetos sagrados de Góngora, venciéndolo en emoción y aun en valentía».

No siempre la curiosidad que despierta el pasado indio debe verse como simple sed de exotismo. Durante el siglo XVII muchos espíritus se preguntaron cómo el orden colonial podía asimilar al mundo indígena. La historia antigua, los mitos, las danzas, los objetos y hasta la religiosidad misma de los indios constituían un universo hermético, implacablemente cerrado; y sin embargo, las creencias antiguas se mezclaban a las modernas y los restos de las culturas indígenas planteaban preguntas sin respuesta. La Virgen de Guadalupe también era Tonantzin, la llegada de los españoles se confundía con el regreso de Quetzalcóatl, el antiguo ritual indígena mostraba turbadoras coincidencias con el católico. Si en el paganismo mediterráneo no habían faltado signos anunciadores de Cristo, ¿cómo no encontrarlos en la historia antigua de México? La Conquista deja de ser

---

[2] La crítica moderna tiende a desecharla.

un acto unilateral de la voluntad española y se transforma en un acontecimiento esperado por los indios y profetizado por sus mitos y sus escrituras. Gracias a estas interpretaciones, las antiguas religiones se enlazan sobrenaturalmente con la católica. El arte barroco aprovecha esta situación, mezcla lo indio y lo español e intenta por primera vez asimilar las culturas indígenas. La Virgen de Guadalupe, en la que no es difícil adivinar los rasgos de una antigua diosa de la fertilidad, constelación de muchas nociones y fuerzas psíquicas, es el punto de encuentro entre los dos mundos, el centro de la religiosidad mexicana. Su imagen, al mismo tiempo que encarna la reconciliación de las dos mitades adversarias, expresa la originalidad de la naciente nacionalidad. México, por obra de la Virgen, se reclama heredero de dos tradiciones. Casi todos los poetas dedican poemas a su alabanza. Una extraña variedad del barroco — que no será excesivo llamar «guadalupano» — se convierte en el estilo por excelencia de la Nueva España.

Entre los poemas dedicados a la Virgen sobresale el que le consagra Luis de Sandoval y Zapata. Cada uno de los catorce versos de ese soneto — «alada eternidad del viento» — contiene una imagen memorable. Zapata representa mejor que nadie el apogeo del arte barroco y es cabal encarnación del *ingenio* de la época, linaje que no carece de analogía con el *wit* de los poetas metafísicos ingleses. Apenas si conocemos su obra, durante siglos sepultada y negada por una crítica tan incomprensiva del barroco como perezosa. Los restos que han alcanzado nuestros ojos lo muestran como un talento sutil y grave, brillante y conceptuoso, personal heredero de la doble lección de Góngora y Quevedo. De cada uno de sus poemas pueden desprenderse versos perfectos, no en el sentido unánime de la corrección, sino tersos o centelleantes, grávidos o alados y siempre fatales. Su gusto por la imagen insólita tanto como su amor por la geometría de los conceptos lo lleva a construir delicadas cárceles de música para aves intelectuales. Y así, no sólo es posible extraer de los pocos poemas que nos quedan fragmentos extraños y resplandecientes, sino dos o tres sonetos íntegros y todavía vivos, torres aisladas enre las ruinas de su obra.

Sor Juana Inés de la Cruz no solamente es la figura más alta de la poesía colonial hispanoamericana sino que es también uno de los espíritus más ricos y profundos de nuestras letras. Asediada por críticos, biógrafos y apologistas, nada de lo que desde el siglo XVII se ha dicho sobre su persona es más penetrante y certero que lo que ella misma nos cuenta en su *Respuesta a sor Filotea de la Cruz*. Esta carta es la historia de su vocación intelectual, la defensa — y la burla — de su amor al saber, la narración de sus trabajos y sus triunfos, la crítica de su poesía y de sus críticos. En esas páginas Sor Juana se revela como un intelectual, esto es, como un ser para quien la vida es un ejercicio del entendimiento. Todo lo quiere comprender. Allí donde un espíritu religioso hallaría pruebas de la presencia de Dios, ella encuentra ocasión de hipótesis y preguntas. El mundo se le aparece más como un enigma que como un sitio de salvación. Figura de plenitud, la monja mexicana es también imagen de una sociedad próxima a escindirse. Religiosa por vocación intelectual — y asimismo, acaso, para escapar de una sociedad que la condenaba como hija ilegítima — prefiere la tiranía del claustro a la del mundo. En su convento sostiene, durante años, un difícil equilibrio y un diario combate entre sus deberes religiosos y su curiosidad intelectual. Vencida, calla. Su silencio es el del intelectual, no el del místico.

La obra poética de Sor Juana es numerosa, variada y desigual. Sus innumerables poemas de encargo son testimonio de su gracioso desenfado al mismo tiempo que de su descuido. Pero buena parte de su obra se salva de estos defectos, no únicamente por la admirable y retórica construcción que la sostiene, sino por la verdad de lo que expresa.

Aunque dice que sólo escribió con gusto «un papelillo que llaman el *Sueño*», sus sonetos, liras y endechas son obras de un gran poeta del amor terrestre. El soneto se transforma en una forma natural para esta mujer aguda, apasionada e irónica. En su luminosa dialéctica de imágenes, antítesis y correspondencias, se consume y se salva, se hurta y se entrega. Menos ardiente que Luisa Labbé, menos directa también, la mexicana es más honda y suelta, más osada en su reserva, más dueña de sí en su extravío. La inteligencia no le sirve para refrenar su pasión sino para ahondarla y, así, hacer más libre y querida su fatalidad. En sus mejores momentos la poesía de Sor Juana es algo más que confesión sentimental o ejercicio afortunado de la retórica barroca. Inclusive cuando deliberadamente se trata de un juego —como en el turbador retrato de la Condesa de Paredes—, la sensualidad y el amor al cuerpo animan las alusiones eruditas y los juegos de palabras, que se convierten en un laberinto de cristal y de fuego.

Primero sueño es la composición más ambiciosa de Sor Juana. A pesar de que fue escrita como una confesada imitación de las *Soledades,* sus diferencias profundas son mayores que sus semejanzas externas: Sor Juana quiere penetrar la realidad, no trasmutarla en resplandeciente superficie, según sucede con Góngora. La visión que nos entrega *Primero sueño* es la del sueño de la noche universal, en la que el hombre y el cosmos sueñan y son soñados: sueño del conocimiento, sueño del ser. Nada más alejado de la noche amorosa de los místicos que esta noche intelectual de ojos y relojes desvelados. El Góngora de las *Soledades,* dice Alfonso Reyes, ve al hombre como «un bulto inerte en medio del paisaje nocturno»; Sor Juana se acerca «al durmiente como un vampiro, entra en él y en su pesadilla, busca una síntesis entre la vigilia, el duermevela y el sueño». La substancia del poema no tiene antecedentes en la poesía de la lengua y sólo hasta fechas recientes ha encontrado un heredero en

José Gorostiza. *Primero sueño* es el poema de la inteligencia, de sus ambiciones y de su derrota. Poesía intelectual: poesía del desengaño. Sor Juana cierra el sueño dorado del virreinato.

A pesar de que el barroco se prolonga hasta la mitad de la centuria, el siglo XVIII es una época de prosa. Nace el periodismo; prosperan la crítica y la erudición; ciencia, historia y filosofía crecen a expensas de las artes creadoras. Ni el estilo dorado del siglo anterior ni las nuevas tendencias neoclásicas producen figuras de importancia. Los poetas más notables de la época escriben en latín. Mientras tanto las ideas de la Ilustración despiertan un mundo somnoliento. La revolución de la Independencia se anuncia. La esterilidad artística del neoclasicismo contrasta con el hervor intelectual de los mejores espíritus. Al finalizar el siglo aparece un poeta apreciable, Manuel de Navarrete, delicado discípulo de Meléndez Valdés. En sus poemas el neoclasicismo y sus pastores se tiñen de una vaga bruma sentimental, anuncio del romanticismo.

El siglo XIX es un período de luchas intestinas y de guerras exteriores. La nación sufre dos invasiones extranjeras y una larga guerra civil, que termina con la victoria del partido liberal. La *inteligencia* mexicana participa en la política y en la batalla. Defender el país y, en cierto sentido, hacerlo, inventarlo casi, es tarea que desvela a Ignacio Ramírez, Guillermo Prieto, Ignacio Manuel Altamirano y a muchos otros. En ese clima exaltado se inicia la influencia romántica. Los poetas escriben. Escriben sin cesar, pero sobre todo combaten, también sin descanso. La admiración que nos producen sus vidas ardientes y dramáticas — Acuña se suicida a los 24 años, Flores muere ciego y pobre — no impide que nos demos cuenta de sus debilidades y de sus insuficiencias. Ninguno de ellos — con la excepción, quizá, de Flores, que sí tuvo visión poética aunque careció de originalidad expresiva — tiene conciencia de lo que significaba realmente el romanticismo. Así, lo prolongan en sus aspectos más superficiales y se entregan a una literatura elocuente y sentimental, falsa en su sinceridad epidérmica y pobre en su mismo énfasis. La irracionalidad del mundo, el diálogo entre éste y el hombre, los plenos poderes que confieren el sueño y el amor, la nostalgia de una unidad perdida, el valor profético de la palabra y, en fin, el ejercicio de la poesía como aprehensión amorosa de la realidad, universo de escondidas correspondencias que el romanticismo redescubre, son preocupaciones y evidencias extranjeras a casi todos estos poetas. Se mueven en la esfera de los sentimientos y se complacen en contarnos sus amores y entusiasmos, pero apenas si rozan la zona de lo sagrado, propia a todo genuino arte romántico. La grandeza de estos escritores reside en sus vidas y en su defensa de la libertad.

Es notable la persistencia de la poesía neoclásica en esta atmósfera de cambio y revuelta. Versificadores correctos casi siempre, los académicos preservan el lenguaje de las caídas románticas. Ninguno es un verdadero poeta, pero José Joaquín Pesado y Joaquín Arcadio Pagaza logran una discreta recreación del paisaje mexicano. Su influencia y su lección serán aprovechadas por Manuel José Othón. El hermoso estoicismo de Ignacio Ramírez — quizá el espíritu más representativo de la época — se expresa con dignidad en unos desdeñosos tercetos. Altamirano, maestro de una generación más joven, intenta conciliar las tendencias contrarias e inicia un tímido nacionalismo literario, que no produce descendencia inmediata de mérito.

Manuel José Othón se presenta como heredero de la corriente académica. Ningún propósito de novedad anima su obra. Si huye del romanticismo, tampoco muestra complacencia ante la retórica «modernista», que vio triunfar al final de su vida. Los poetas académicos, y él mismo, creyeron que esta actitud lo adscribía a su bando. Y así es, pues gran parte de la obra de Othón no se distingue por sus propósitos e intenciones de la de Pagaza, poeta al que lo unían no sólo comunes aficiones sino parecida actitud estética. Mas los sonetos del *Idilio salvaje, A una estepa del Nazas* y algún otro, representan algo más que esa «poesía de la naturaleza» en que se complacía, petrificándose, la escuela académica. El desierto del Norte, «enjuta cuenca de un océano muerto», y su cielo alto y cruel, dejan de ser un espectáculo o un símbolo. Espejo de su ser exhausto, la aridez del amor y la esterilidad final de las pasiones se reflejan en la desnudez de la sabana. Debajo de la forma y del lenguaje tradicionales, brilla el ojo fijo de una naturaleza que sólo se sacia aniquilando lo que ama y que no tiene otro objeto que consumirse consumiendo. Un sol de páramo quema las rocas del desierto, que no son sino las ruinas de su ser. La soledad humana es una de las rimas de la soledad plural de la naturaleza. El soneto se ahonda y sus correspondencias y sus ecos aluden a otra inexorable geometría y a otras rimas más fatales y vacías.

Si Othón es un académico que descubre el romanticismo y escapa así al parnasianismo de su escuela, Salvador Díaz Mirón emprende un viaje contrario: es un romántico que aspira al clasicismo. La poesía de su primera época ostenta la huella elocuente de Hugo y la insolencia de Byron, ya que no su precisión y su ironía. Tras un silencio de años, publica *Lascas,* único libro que reconoció como enteramente suyo. Ese título califica su poesía. O más exactamente: los instantes de poesía arrancados por la cólera y la impaciencia a una forma que es siempre freno. *Lascas*: chispas, luces breves que iluminan por un segundo un alma negra y soberbia. El Díaz Mirón parnasiano no niega el romántico: lo sujeta sin acabar jamás de domarlo. Y de ese forcejeo — a veces sólo estéril maestría y tortura del idioma — brotan versos tensos y puros «como el silencio de la estrella sobre el tumulto de la ola».

Frente al lenguaje desvaído de los poetas anteriores — y

también frente a las joyas falsas de casi todos los modernistas —la poesía de Díaz Mirón posee la dureza y el esplendor del diamante. Un diamante al que no le faltan, sino le sobran, luces. Poeta que sólo aspira a domeñar, no encuentra una forma que lo exprese sin oprimirlo. Al cabo de este jadeo, su obra se resuelve en silencio. El silencio es su forma, la forma definitiva de su espíritu. O como ha dicho Jorge Cuesta: «Su fecundidad está en su silencio. Otros poetas fueron indignos de callar.» Precursor y maestro del modernismo, la aventura de Díaz Mirón es sobre todo una aventura verbal. Mas esa aventura es también un drama: el del orgullo. Pues este artífice es también el primer poeta mexicano que tiene conciencia del mal y de sus atroces posibilidades creadoras.

El modernismo no consiste nada más en la asimilación de la poesía parnasiana y simbolista que realizan algunos ávidos poetas hispanoamericanos. Al descubrir a la poesía francesa, el modernismo descubre también a la verdadera tradición española, olvidada en España. Y sobre todo, crea un nuevo lenguaje que serviría para que en un momento de extraordinaria fecundidad se expresaran algunos grandes poetas: Rubén Darío, Leopoldo Lugones, José Martí. En México el modernismo acaso habría poseído mayor fertilidad poética si los mexicanos hubiesen advertido la verdadera significación de la nueva tendencia. El modernismo se presentaba como una indiferencia ante el tradicionalismo español y, al mismo tiempo, como un rescate de la verdadera tradición española: ¿cómo no ver en él a un heredero de la tradición que nos había fundado? Para el resto de Hispanoamérica, abría las puertas de la tradición poética universal; a los mexicanos, en cambio, les daba ocasión de reanudar su propia tradición. Toda revolución posee una tradición o la crea: Darío y Lugones crean la suya; Gutiérrez Nájera y Amado Nervo no tuvieron plena conciencia de la que les pertenecía y por eso tampoco la tuvieron del sentido profundo de la renovación modernista. Su modernismo es casi siempre un exotismo, quiero decir, un recrearse en los elementos más decorativos y externos del nuevo estilo.

A pesar de sus limitaciones, en algunos poemas de Manuel Gutiérrez Nájera se entrevé ese otro mundo, esa otra realidad que es patrimonio de todo poeta de verdad. Sensible y elegante, cuando no se complace en sus lágrimas o en sus hallazgos, acomete con gracia melancólica el tema de la brevedad de la vida. Su poesía, como él mismo lo dice en uno de sus poemas más citados, «no morirá del todo». En su período modernista, Amado Nervo manipula sin gusto, pero con novedad y autenticidad, el repertorio del simbolismo. Después decide desnudarse. En realidad, se trata de un simple cambio de ropajes: el traje simbolista — que le iba bien — es substituido por el gabán del pensador religioso. La poesía perdió con el cambio, sin que ganara la religión o la moral.

Otros poetas, menos aplaudidos en su tiempo, se acercan más a la zona eléctrica de la poesía. Francisco A. de Icaza, amargo y sobrio, logra en sus breves poemas una concisión al mismo tiempo sentenciosa y opaca. Luis G. Urbina continúa en buena parte de su obra la línea sentimental de Nájera, pero lo salva su temperamento de pintor impresionista. La porción mejor de su poesía, constituida por crepúsculos y marinas, lo revelan como un excelente heredero de la tradición del paisaje. Con menor intensidad que Othón, aunque con mayor fantasía y riqueza de matices, Urbina consigue un delicado equilibrio expresivo. Es curioso observar cómo los poetas mexicanos escapan de la afectación modernista acudiendo a una tradición universal. La poesía mexicana no encuentra su forma nativa, y cada vez que se arriesga a expresar lo mejor y más secreto de su ser, no tiene más remedio que servirse de un lenguaje abstracto y que es suyo sólo por un acto de conquista intelectual.

A los poetas modernistas, que recogen del simbolismo

los elementos más perecederos, Enrique González Martínez opone una sensibilidad más honda y reflexiva y una inteligencia que osa interrogar la faz nocturna del mundo. La severidad de González Martínez, la ausencia de casi todo elemento imprevisible, sal de la poesía, y el didactismo que tiñe parte de su obra, han hecho que se le considere como el primer poeta hispanoamericano que rompe con el modernismo: al cisne enfrenta el búho. En realidad, González Martínez no se opone al modernismo: lo desnuda y deshoja. Al despojarlo de sus adherencias sentimentales y parnasianas, lo redime, le otorga conciencia de sí mismo y de su oculta significación. González Martínez asume la originalidad mexicana del modernismo, esto es, lo convierte en una conciencia y lo enlaza a una tradición. Así, no es su negador, sino el único poeta realmente modernista que tuvo México — en el sentido en que fueron modernistas Darío y Lugones en América, Machado y Jiménez en España. La atención que otorga al paisaje — y sobre todo al paisaje nocturno — se impregna de sentido: el diálogo entre el hombre y el mundo se reanuda. La poesía deja de ser descripción o queja para volver a ser aventura espiritual. A partir de González Martínez serán imposibles la elocuencia parnasiana y el desahogo romántico. Al hacer del modernismo una conciencia, cambia la actitud del poeta ante la poesía, aunque deje intacto el lenguaje y los símbolos. El valor de su ejemplo no reside en su oposición al lenguaje modernista — al que nunca negó sino en sus extravíos, y al que permaneció fiel hasta su muerte —, sino en ser el primero que devuelve a la poesía el sentido de la *gravedad* de la palabra.

El primer libro de poemas que publica Alfonso Reyes se llama *Pausa*. Este título no sólo define su poesía: también la sitúa frente a la de sus antecesores inmediatos. Reyes no rompe con el modernismo; simplemente se aparta y tras una pausa — constituida precisamente por los poemas que contiene el libro así llamado — le da la espalda para

24

siempre. Espíritu tan aéreo como sólido, tan del aire como de la tierra, Reyes se ha asomado a muchos manantiales, ha sufrido diversas tentaciones y nunca ha dicho «de esta agua no beberé». El habla popular, los giros coloquiales, los clásicos griegos y los simbolistas franceses se alían en su voz, sin olvidar a los españoles del siglo de oro. Viajero en varias lenguas por éste y otros mundos, escritor afín a Valery Larbaud por la universalidad de su curiosidad y de sus experiencias — a veces verdaderas expediciones de conquista en tierras ayer incógnitas — mezcla lo leído con lo vivido, lo real con lo soñado, la danza con la marcha, la erudición con la más fresca invención. En su obra prosa y verso, crítica y creación, se penetran e influyen mutuamente. Por eso no es posible reducir su poesía a sus versos; uno de sus poemas es un vasto fresco en prosa, *Visión de Anáhuac*, recreación del paisaje y la vida precolombina en el Valle de México. Frente a este texto debe mencionarse *Ifigenia cruel*, que es algo así como una respuesta a la *Visión* y en donde el drama del espíritu y la tierra, el cielo y el suelo, la sangre y la palabra, encarnan en un lenguaje sutil y bárbaro a un tiempo y que sorprende doblemente por su arcaísmo y su refinamiento. Tampoco sería justo olvidar sus traducciones poéticas, que son verdaderas recreaciones y entre las que es imprescindible citar dos nombres que son dos polos: Homero y Mallarmé. Se dice que Alfonso Reyes es uno de los mejores prosistas de la lengua; hay que añadir que esa prosa no sería lo que es si no fuera la prosa de un poeta.

José Juan Tablada y Ramón López Velarde rompen abierta y ostensiblemente con el modernismo. El primero era un tránsfuga de ese movimiento. La poesía de su juventud es uno de los ejemplos típicos de los vicios brillantes y vanos de esa escuela. Curioso, apasionado, sin volver nunca la cabeza hacia atrás, con alas en los zapatos, Tablada oía crecer la hierba; es el primero que adivina la llegada del nuevo monstruo, la bestia magnífica y feroz que iba a devorar a tantos adormilados: la imagen. Enamorado de la poesía japonesa, introduce en nuestra lengua el haikú. Su bestiario muestra una penetrante comprensión del mundo animal, y sus monos, loros y armadillos nos miran con ojos fijos y chispeantes. Sol diminuto, el haikú de Tablada casi nunca es una imagen suelta desprendida de un poema más vasto: es una estrella inmóvil sólo en apariencia, pues gira siempre alrededor de sí misma. El haikú se enlaza muy naturalmente con la copla popular, lo que explica su boga extraordinaria; en América muchos lo adoptan y en España Juan Ramón Jiménez y Machado han escrito algunos de sus mejores «sentencias y donaires» en poemas de tres o cuatro líneas, que si son eco de la poesía andaluza también recuerdan esta forma oriental.

Apenas el haikú se convierte en lugar común, Tablada lo abandona e inicia sus poemas «ideográficos». Su tentativa — menos genial, sin duda — es un eco de la de Apollinaire, que en ese tiempo publicaba *Calligrammes*. La tipografía poética lo seduce sólo un instante. Sonriente y apresurado, en unos pocos años recorre muchas tierras poéticas. Al final, regresa a su patria y publica una serie de poemas «mexicanos» que sería injusto ver como una simple imitación de los que un poco antes daba a conocer López Velarde, aunque ostenten sus huellas y sigan su ejemplo. Menos profundo que éste, menos personal, su visión es más alegre y colorida. Su lenguaje, limpio casi enteramente de la pedrería modernista, es elástico, irónico y danzante: México de ballet y de feria, de cohete y alarido. En sus poemas aparecen, vivos por primera vez, los animales sagrados y cotidianos, los ídolos, las viejas religiones y el arte antiguo. López Velarde ignoró siempre ese mundo. Fascinado por la lucha mortal entre la provincia y la capital, sus ojos se detienen en el México criollo y mestizo, popular y refinado, católico hasta cuando es jacobino. La visión de Tablada es más extensa; ocultista y viajero, ve con otros ojos a su país y hace suyos el exotismo de los dioses y de los colores. Es uno de los primeros que tienen conciencia de la riqueza de nuestra herencia indígena y de la importancia de sus artes plásticas. Tablada es un temperamento menos hondo que López Velarde y su estilo es más inventado que creado, más premeditado que fatalmente sufrido. Pero también es más nervioso y ágil; juega más, sabe sonreír y reír; vuela, y cae, con más frecuencia. En una palabra: es más arriesgado.

A despecho de las diferencias que los separaban, algo unía a estos dos poetas: su amor por la imagen novedosa, su creencia común en el valor de la sorpresa. De allí que Tablada fuese uno de los primeros en descubrir a López Velarde y que, años más tarde, no tuviera dificultad en reconocer su deuda con el poeta de Zacatecas. Ramón López Velarde era provinciano, silencioso y reconcentrado. Mientras Tablada era un poeta visual, capaz de aprehender una realidad instantánea en tres versos, el otro era un hombre lento y en diálogo consigo mismo. Su imaginación no le servía para arder en fuegos de artificio sino para ahondar en sí mismo y expresar con mayor fidelidad lo que tenía que decir: «Yo anhelo expulsar de mí cualquier sílaba que no nazca de la combustión de mis huesos.» López Velarde era un poeta con destino.

Como a todo verdadero poeta, el lenguaje le preocupa. Quiere hacerlo suyo. Pero quiere crearse un lenguaje personal porque tiene algo personal que decir. Algo que decirnos y algo que decirse a sí mismo y que hasta que no sea dicho no cesará de atormentarlo. Su conciencia de las palabras es muy aguda porque es muy honda la conciencia de sí mismo y de su propio conflicto. Y habría que agregar que si la conciencia de sí lo lleva a inventarse un lenguaje, también ese idioma lo inclina sobre sí mismo y le descubre una parte de su ser que de otra manera hubiese permanecido informulada e invisible.

Dos hechos favorecen el descubrimiento que hará López

Velarde de su país y de sí mismo. El primero es la Revolución Mexicana, que rompe con un orden social y cultural que era una mera superposición histórica, una camisa de fuerza que ahogaba y deformaba a la nación. Al destruir el orden feudal — que se había disfrazado a la moda europea del positivismo progresista — la Revolución arranca las máscaras sucesivas que cubrían el rostro de México. La Revolución revela a López Velarde una «patria castellana y morisca, rayada de azteca». Mientras los otros poetas vuelven los ojos hacia el exterior, él se adentra en ella y, por primera vez en nuestra historia, se atreve a expresarla sin disfraces o sin reducirla a una abstracción. El México de López Velarde es un México vivo, esto es, vivido día a día por el poeta.

El otro hecho decisivo en la poesía de López Velarde es su descubrimiento de la capital. La marea revolucionaria, tanto como sus propias ambiciones literarias, lo llevan a la ciudad de México cuando ya estaba formado su espíritu pero no su gusto ni su poesía. Su sorpresa, desconcierto, alegría y amargura, deben haber sido inmensos. En la ciudad de México descubre a las mujeres, a la soledad, a la duda y al demonio. Al mismo tiempo que sufre estas deslumbrantes revelaciones, conoce la poesía de un poeta sudamericano que se atreve a romper con el modernismo extremando sus conquistas: Leopoldo Lugones. Al contacto de esta lectura, cambia su manera y su visión. Los críticos de su tiempo lo encontraron retorcido, incomprensible y afectado. La verdad es lo contrario: gracias a su búsqueda de la imagen, a su casi pérfido empleo de adjetivos hasta ayer insólitos y a su desdén por las formas ya hechas, su poesía deja de ser confidencia sentimental para convertirse en la expresión de un espíritu y de una zozobra.

El descubrimiento de la poesía de Lugones habría hecho de López Velarde un retórico distinguido si al mismo tiempo no hubiese recordado el idioma de su pueblo natal. Su originalidad consiste en esa afortunada fusión del lenguaje opaco y ardiente del centro de México con los procedimientos de Lugones. A la inversa de Laforgue, que desciende del «idioma poético» al coloquial y obtiene de ese choque un extraño resplandor, López Velarde construye con elementos cotidianos y en apariencia realistas una frase sinuosa y laberíntica que, en los momentos más altos, desemboca en una imagen sorprendente. Ese lenguaje tan personal e inimitable le permite descubrir su propia intimidad y la de su país. Sin él, López Velarde hubiera sido un poeta sentimental; sólo con él, un hábil retórico. Su drama, y el drama de su lenguaje, lo convierten en un poeta genuino. Y aún más: en el primer poeta realmente mexicano. Pues con López Velarde principia la poesía mexicana, que hasta entonces no había encontrado su lenguaje y se vertía en formas que sólo eran suyas porque también eran de todos los hombres.

Más allá del valor intrínseco de la poesía de López Velarde, su lección y, en menor grado, la de Tablada, consiste en que ambos poetas no acuden a formas ya probadas y sancionadas por una tradición universal sino que se arriesgan a inventar otras, suyas e intransferibles. En el caso de López Velarde, la invención de nuevas formas se alía a su fidelidad al lenguaje de su tiempo y de su pueblo, como ocurre con todos los innovadores de verdad. Si parte de su poesía nos parece ingenua o limitada, nada impide que veamos en ella algo que aún sus sucesores no han realizado completamente: la búsqueda, y el hallazgo, de lo universal a través de lo genuino y lo propio. La herencia de López Velarde es ardua: invención y lealtad a su tiempo y su pueblo, esto es, una universalidad que no nos traicione y una fidelidad que no nos aísle ni ahogue. Y si es cierto que no es posible regresar a la poesía de López Velarde, también lo es que ese regreso es imposible precisamente porque ella constituye nuestro único punto de partida.

La poesía mexicana contemporánea — ausente por desgracia de esta antología — arranca de la experiencia de López Velarde. Su breve desarrollo corrobora que toda actividad poética se alimenta de la historia, quiero decir: del lenguaje, las realidades, los mitos y las imágenes de su tiempo. Y asimismo, que el poeta tiende a disolver o trascender la mera sucesión histórica. Cada poema es una tentativa por resolver la oposición entre historia y poesía, en beneficio de la segunda. El poeta aspira siempre a substraerse de la tiranía de la historia, aun cuando se identifique con su sociedad y participe en lo que llaman «la corriente de la época», extremo cada vez menos imaginable en el mundo moderno. Todas las grandes tentativas poéticas — desde la fórmula mágica y el poema épico hasta la escritura automática — pretenden hacer del poema un sitio de reconciliación entre historia y poesía, entre el hecho y el mito, la frase coloquial y la imagen, la fecha irrepetible y la fiesta, fecha viva, dotada de secreta fertilidad, que vuelve siempre para inaugurar un tiempo nuevo. La naturaleza del poema es análoga a la de la fiesta, que si es una fecha del calendario también es ruptura de la sucesión e irrupción de un presente que vuelve periódicamente y que no tiene ayer ni mañana. Todo poema es una fiesta: un precipitado de tiempo puro.

La relación entre los hombres y la historia es una relación de esclavitud y dependencia. Pues si nosotros somos los únicos protagonistas de la historia, también somos sus objetos y sus víctimas: ella no se cumple sino a nuestras expensas. El poema transforma radicalmente esta relación: sólo se cumple a expensas de la historia. Todos sus productos: el héroe, el asesino, el amante, el mito, la leyenda en andrajos, el refrán, la palabrota, la exclamación que pronuncia casi a pesar suyo el niño que juega, el condenado a subir al patíbulo, la muchacha que se enamora; y la frase que se lleva el viento, el jirón del grito, junto con el arcaís-

mo y el neologismo y la consigna, de pronto no se resig-
nan a morir o, por lo menos, no se resignan a estrellarse
contra el muro. Quieren llegar al fin, quieren ser plenamen-
te. Se desprenden de las causas y de los efectos y esperan
encarnar en el poema que los redima. No hay poesía sin
historia pero la poesía no tiene otra misión que trasmutar
la historia.

Hecha de la substancia misma de la historia y la so-
ciedad: el lenguaje, la poesía tiende a recrearlo bajo leyes
distintas a las que rigen la conversación y el discurso. La
trasmutación poética opera en la entraña misma del idio-
ma. La frase — no la palabra aislada — constituye la célu-
la, el elemento más simple del habla. La palabra no puede
vivir sin las palabras; la frase, sin las frases. Una frase u
oración cualquiera contiene siempre, implícita o explícita,
una referencia a otra y es susceptible de ser explicada por
una nueva frase. Toda frase quiere decir algo que puede
ser dicho por otra frase. El lenguaje es un *querer decir* y de
ahí que constituya un conjunto de signos y sonidos móviles
e intercanjeables. La poesía transforma radicalmente al len-
guaje: las palabras pierden de pronto su movilidad y se
vuelven insustituibles. Hay varias maneras de decir una mis-
ma cosa en prosa, sólo hay una en poesía. El decir poético
no es un querer decir sino un decir irrevocable. El poeta no
habla del horror, del amor o del paisaje: los muestra, los
recrea. Irrevocables e insustituibles, las palabras se vuelven
inexplicables — excepto por sí mismas. Su sentido no está
más allá de ellas, en otras palabras, sino en ellas. Toda ima-
gen poética es inexplicable: simplemente es. Y del mismo
modo: todo poema es un organismo de significaciones inter-
nas, irreductibles a cualquier otro decir. Una vez más: el
poema no quiere decir: *dice*. No es una frase o una serie de
frases sino una indivisible constelación de imágenes, mundo
verbal poblado de visiones heterogéneas o contrarias y que
resuelven su discordia en un sistema solar de corresponden-

cias. Universo de palabras corruptibles y opacas pero capaz de encenderse y arder cada vez que unos labios las rozan. A ciertas horas y por obra de ciertas bocas, el molino de frases se convierte en manantial de evidencias sin recurso a la demostración. Entonces se vive en pleno tiempo. Al afirmar a la historia, el poeta la disuelve, la desnuda, le muestra lo que es: tiempo, imagen, ritmo.

Cuando la historia parece decirnos que quizá no posee más significado que ser una marcha fantasmal sin dirección ni fin, el lenguaje acentúa su carácter equívoco e impide el verdadero diálogo. Las palabras pierden su sentido y, por tanto, su función comunicativa. La degradación de la historia en mera sucesión entraña la del lenguaje en un conjunto de signos inertes. Todos usan las mismas palabras pero nadie se entiende; y es inútil que los hombres quieran ponerse de acuerdo sobre los significados lingüísticos: el significado es incierto porque el hombre mismo se ha vuelto encarnación de la incertidumbre. El lenguaje no es una convención sino una dimensión inseparable del hombre. Por eso toda aventura verbal posee un carácter total: el hombre entero se juega la vida en una palabra. Si el poeta es el hombre de las palabras, poeta es aquel para quien su ser mismo se confunde con la palabra. De ahí, también, que sólo el poeta pueda fundar la posibilidad del diálogo. Su destino — y singularmente en épocas como la nuestra — consiste en «dar un sentido más puro a las palabras de la tribu». Mas las palabras son inseparables del hombre. Por tanto, la actividad poética no se resuelve fuera del poeta, en el objeto mágico que es el poema, sino en su ser mismo. Poema y poeta se funden porque ambos términos son inseparables: el poeta es su palabra. Tal ha sido, durante los últimos cien años, la empresa de los más altos poetas de nuestra cultura. Y no es otro el sentido del último gran movimiento poético del siglo: el surrealismo. La grandeza de esta tentativa — frente a la que ningún poeta digno de este nombre puede permanecer indiferente — consiste en que pretendió resolver de una vez, para siempre y a la desesperada, la dualidad que nos escinde: la poesía es un salto mortal o no es nada.

En las actuales circunstancias puede parecer irrisorio referirse a estas extravagantes pretensiones de la poesía. Jamás la dominación de la historia fue tan grande y nunca tan asfixiante la presión de los «hechos». A medida que la exigencia despótica del quehacer inmediato se vuelve intolerable — pues se trata de un hacer para el que nadie nos pide nuestro asentimiento y que casi siempre está dirigido a deshacer al hombre — la actividad poética aparece más secreta, aislada e insólita. Ayer apenas escribir un poema, enamorarse, asombrarse, soñar en voz alta, eran actos subversivos que comprometían el orden social, exhibiéndolo en su doblez. Hoy la noción misma de orden ha desaparecido, sustituida por una combinación de fuerzas, masas y resistencias. La realidad histórica ha arrojado sus disfraces y la sociedad contemporánea se muestra tal cual es: un conjunto de objetos «homogeneizados» por el látigo o la propaganda, dirigidos por grupos que no se distinguen del resto sino por su brutalidad. En estas condiciones, la creación poética vuelve a la clandestinidad. Si el poema es fiesta, lo es a deshoras y en sitios poco frecuentados, festín en el subsuelo. La actividad poética redescubre toda su antigua eficacia por su mismo carácter secreto, impregnado de erotismo y rito oculto, desafío a una interdicción no por informulada menos condenatoria. El poema, ayer llamado al aire libre de la comunión universal, sigue siendo un exorcismo capaz de preservarnos del sortilegio de la fuerza, el número y la ambigüedad. La poesía es una de las formas de que dispone el hombre moderno para decir NO a todos esos poderes que, no contentos con disponer de nuestras vidas, también quieren nuestras conciencias.

París, 1950

33

SOR JUANA INÉS DE LA CRUZ

En 1690 Manuel Fernández de Santa Cruz, obispo de Puebla, publica la crítica de Sor Juana Inés al famoso sermón del jesuita Antonio de Vieyra sobre «las finezas de Cristo». La *Carta Athenagórica* es el único escrito teológico de Sor Juana; o, al menos, el único que ha llegado hasta nosotros. Escrita por encargo y «con más repugnancia que otra cosa, así por ser de cosas sagradas, a quienes tengan reverente temor, como por parecer querer impugnar, a lo que tenga aversión natural», la *Carta* tuvo inmediata resonancia. Era insólito que una monja mexicana se atreviese a criticar, con tanto rigor como osadía intelectual, al célebre confesor de Cristina de Suecia. Pero si la crítica a Vieyra produjo asombro, la singular opinión de la poetisa acerca de los favores divinos debe haber turbado a aquellos mismos que la admiraban. Sor Juana sostenía que los mayores beneficios de Dios son negativos: «premiar es beneficio, castigar es beneficio y suspender los beneficios es el mayor beneficio y el no hacer finezas la mayor fineza». En una monja amante de la poesía y de la ciencia, más preocupada por el saber que por el salvarse, esta idea corría el riesgo de ser juzgada como algo más que una sutileza teológica: si el mayor favor divino era la indiferencia, ¿no crecía demasiado la esfera del libre albedrío?

El obispo de Puebla, editor y amigo de la monja, no oculta su desacuerdo. Con el seudónimo de Sor Filotea de la Cruz, declara en la misiva que precede a la *Carta Athenagórica*: «Aunque la discreción de Ud. las llama finezas (a los beneficios negativos), yo las tengo por castigos.» En efecto, para un cristiano no hay vida fuera de la gracia y la libertad misma es su reflejo. El prelado no se contentó, por lo demás, con mostrar su inconformidad ante la teología de Sor Juana, sino que ante sus aficiones intelectuales y literarias manifiesta una reprobación aún más decidida y tajante: «no pretendo que Vmd. mude de genio, renunciando a los libros, sino que lo mejore leyendo el de Jesucristo ... lástima que un tan gran entendimiento de tal manera se abata a las raseras noticias de la Tierra que no desee penetrar lo que pasa en el Cielo; y ya que se humilla al suelo que no baje más abajo, considerando lo que pasa en el Infierno». La carta del obispo enfrenta a Sor Juana con el problema de su vocación y, más radicalmente, con su vida entera. La discusión teológica pasa a segundo plano.

La *Respuesta a Sor Filotea de la Cruz* es el último escrito de Sor Juana. Autobiografía crítica, defensa de su derecho al saber y confesión de los límites de todo humano saber, este texto anuncia su final sumisión. Dos años después vende sus libros y se abandona a los poderes del silencio. Madura para la muerte, no escapa a la epidemia de 1695.[1] Temo que no sea posible entender lo que nos dicen su obra y su vida si antes no comprendemos el sentido de esta renuncia a la palabra. Oír lo que nos dice su callar es algo más que una fórmula barroca de la comprensión. Pues si el silencio es «cosa negativa», no lo es el callar: el oficio propio del silencio es «decir nada», que no es lo mismo que nada decir. El silencio es indecible, expresión sonora de la nada; el callar es significante aun de «aquellas cosas que no se pueden decir es menester decir siquiera que no se pueden decir, para que se entienda que el callar no es no saber qué decir sino no saber en voces lo mucho que hay que

[1] Entre las pocas cosas que se encontraron en su celda figura un romance incompleto «en reconocimiento a las inimitables plumas de la Europa que hicieran mayores sus obras con sus elogios».

decir». ¿Qué es lo que nos callan los últimos años de Sor Juana? Y eso que callan, ¿pertenece al reino del silencio, esto es, de lo indecible, o al del callar, que habla por alusiones y signos?

La crisis de Sor Juana coincide con los trastornos y calamidades públicas que ensombrecieron el final del siglo XVII mexicano. No parece razonable pensar que lo primero sea efecto de lo segundo. Esta clase de explicaciones lineares exigen siempre un tercer término, que a su vez necesita de otro. La cadena de las causas y efectos no tiene fin. Por otra parte, no es posible explicar la cultura por la historia, como si se tratase de órdenes diferentes: uno el mundo de los hechos, otro el de las obras. Los hechos son inseparables de las obras. El hombre se mueve en un mundo de obras. La cultura es historia. Y puede añadirse que lo propio de la historia es la cultura y que no hay más historia que la de la cultura: la de las obras de los hombres, la de los hombres en sus obras. Así, el silencio de Sor Juana y los tumultos de 1692 son hechos que guardan una estrecha relación y que no resultan inteligibles sino dentro de la historia de la cultura colonial. Ambos son consecuencia de una crisis histórica, poco estudiada hasta ahora.

En la esfera temporal Nueva España había sido fundada como armónica y jerárquica convivencia de muchas razas y naciones, a la sombra de la monarquía austríaca; en la espiritual, sobre la universalidad de la revelación cristiana. La superioridad de la monarquía española frente al Estado azteca no era de índole distinta a la de la nueva religión: ambos constituían un orden abierto, capaz de englobar a todos los hombres y a todas las razas. El orden temporal era justo, además, porque se apoyaba en la revelación cristiana, en una palabra divina y racional. Renunciar a la palabra racional — callarse — y quemar la Audiencia, símbolo del Estado, eran actos de significación parecida. En ellos Nueva España se expresa como negación.

Pero esta negación no se hace frente a un poder externo: por esos actos la Colonia se niega a sí misma y renuncia a ser sin que, por otra parte, brote afirmación alguna de esta negación. El poeta calla, el intelectual abdica, el pueblo se amotina. La crisis desemboca en el silencio. Todas las puertas se cierran y la historia colonial se revela como aventura sin salida.

El sentido de la crisis colonial puede falsearse si se cede a la tentación de considerarla como una profecía de la Independencia. Esto sería cierto si la Independencia hubiese sido solamente la extrema consecuencia de la disgregación del Imperio español. Pero es algo más; y, también, algo substancialmente distinto: una revolución, esto es, un cambiar el orden colonial por otro. O sea: un total empezar de nuevo la historia de América. A pesar de lo que piensan muchos, el mundo colonial no engendra al México independiente: [2] hay una ruptura y, tras ella, un orden fundado en principios e instituciones radicalmente distintos a los antiguos. De allí que el siglo XIX se haya sentido ajeno al pasado colonial. Nadie se reconocía en la tradición novohispana porque, en efecto, esa tradición no era la de los liberales que hicieron la Independencia. Durante más de un siglo México ha vivido sin pasado.

Si la crisis que cierra el período de la monarquía austríaca no es anuncio de la Independencia, ¿cuál es su sentido? Frente a la pluralidad de naciones y lenguas que componían al mundo prehispánico, Nueva España se presenta como una construcción unitaria: todos los pueblos y todos los hombres tenían cabida en ese orden universal. En los villancicos de Sor Juana una abigarrada multitud confiesa en náhuatl, latín y español una sola fe y una sola

[2] Es verdad que muchos rasgos coloniales se prolongan hasta 1857 y aun hasta nuestros días, pero como inercia, obstáculo y obstinado sobrevivirse: como hechos que han perdido su sentido histórico.

lealtad. El catolicismo colonial era tan universal como la monarquía, y en su cielo, apenas disfrazados, cabían todos los viejos dioses y las antiguas mitologías. Los indios, abandonados por sus divinidades, gracias al bautismo reanudan sus lazos con lo divino y ocupan un lugar en este mundo y en el otro. El desarraigo de la Conquista se resuelve en el descubrimiento de un nuevo hogar ultraterreno. Mas el catolicismo llega a México como una religión hecha y a la defensiva. Pocos han señalado que el apogeo de la religión católica en América coincide con su crepúsculo europeo: lo que allá era ocaso, fue alba entre nosotros. La nueva religión era una religión vieja de siglos, con una filosofía sutil y compleja, que no dejaba resquicio abierto a los ardores de la investigación ni a las dudas de la especulación. Esta diferencia de ritmo histórico — raíz de la crisis — también es perceptible en otras órbitas, desde las económicas hasta las literarias. En todos los órdenes la situación era semejante: no había nada que inventar, nada que añadir, nada que proponer. Apenas nacida, Nueva España era ya una opulenta flor condenada a una prematura e inmóvil madurez. Sor Juana encarna esa madurez. Su obra poética es un excelente muestrario de los estilos de los siglos XVI y XVII. Cierto, a veces — como en su imitación de Jacinto Polo de Medina —, resulta superior a su modelo, pero sin descubrir nuevos mundos. Otro tanto ocurre con su teatro y el mayor elogio que se puede hacer de *El divino Narciso* es decir que no es indigno de los autos calderonianos. (Sólo en el *Primero sueño,* por las razones que más adelante se apuntan, va más allá de sus maestros.) En suma, Sor Juana nunca rebasa el estilo de su época. Para ella era imposible romper aquellas formas que tan sutilmente la aprisionaban y dentro de las cuales se movía con tanta elegancia: destruirlas hubiera sido negarse a sí misma. El conflicto era insoluble porque la única salida exigía la destrucción misma de los supuestos que fundaban al mundo colonial.

Si no era posible negar los principios en que aquella sociedad se apoyaba sin negarse a sí mismo, tampoco lo era proponer otros. Ni la tradición ni la historia de Nueva España podían ofrecer soluciones diferentes. Es verdad que dos siglos más tarde se adoptaron otros principios; pero no debe olvidarse que venían de fuera, de Francia, y que estaban destinados a fundar una sociedad distinta. A fines del siglo XVII el mundo colonial pierde la posibilidad de reengendrarse: los mismos principios que le habían dado el ser, lo ahogaban.

Negar a este mundo y afirmar al otro era un acto que para Sor Juana no podía tener la misma significación que para los grandes espíritus de la Contrarreforma o para los evangelizadores de la Nueva España. La renuncia a este mundo no significa, para Teresa o Ignacio, la dimisión o el silencio, sino un cambio de signo: la historia, y con ella la acción humana, se abre a lo ultraterreno y adquiere así nueva fertilidad. La mística misma no consiste tanto en salir de este mundo como en insertar la vida personal en la historia sagrada. El catolicismo militante, evangélico o reformador, impregna de sentido a la historia y la negación de este mundo se traduce finalmente en una afirmación de la acción histórica. En cambio, la porción verdaderamente personal de la obra de Sor Juana no se abre a la acción ni a la contemplación sino al conocimiento. Un conocer que es un interrogar a este mundo, sin juzgarlo. Esta nueva especie de conocimiento era imposible dentro de los supuestos de su universo histórico. Durante más de veinte años Sor Juana se obstina. Y no cede sino cuando las puertas se cierran definitivamente. Dentro de ella misma el conflicto era radical: el conocimiento es un sueño. Cuando la historia la despierta de su sueño, al final de su vida, calla. Su despertar cierra el sueño dorado del virreinato. Si no se entiende su callar no se podrá comprender lo que significan realmente el *Primero sueño* y la *Respuesta a Sor*

Filotea de la Cruz: el saber es imposible y toda palabra desemboca en el silencio. La comprensión de su callar

las glorias deletrea
entre los caracteres del estrago.

Glorias ambiguas. Todo en ella — vocación, alma, cuerpo — es ambivalente. Niña aún, su familia la envía a la ciudad de México, con unos parientes. A los trece años es dama de compañía de la marquesa de Mancera, virreina de Nueva España. A través de la biografía del padre Calleja nos llegan los ecos de las fiestas y concursos en que Juana, niña prodigio, brillaba. Hermosa y sola, no le faltaron enamorados. Mas no quiso ser «pared blanca donde todos quieren echar borrón». Toma los hábitos, porque «para la negación total que tenía al matrimonio era lo menos desproporcionado y lo más decente que podía elegir». Sabemos ahora que era hija natural: ¿habría escogido la vida matrimonial de haber sido legítima? Esta posibilidad es, por lo menos, dudosa. Sor Juana parece sincera cuando habla de su vocación intelectual: ni la ausencia del amor terrestre ni la urgencia del divino la llevan al claustro. El convento es un expediente, una solución razonable, que le ofrece refugio y soledad. La celda es retiro, no cueva de ermitaño. Laboratorios, biblioteca, salón, allí se recibe y conversa, se leen versos, se discute, se oye buena música. Desde el convento participa en la vida intelectual y en la palaciega. Versifica sin cesar. Escribe comedias, villancicos, loas, tratados de música, reflexiones de moral. Entre el palacio virreinal y el convento hay un ir y venir de rimas y obsequios, parabienes, poemas burlescos, peticiones. Niña mimada, décima musa.

En sus villancicos surgen «las cláusulas tiernas del mexicano lenguaje», al lado del negro congolés y el bronco hablar del vizcaíno. Sor Juana usa con entera conciencia y hasta con cierta coquetería todas esas raras especias:

> *¿Qué mágicas infusiones*
> *de los indios herbolarios*
> *de mi patria, entre mis letras*
> *el hechizo derramaron?*

Sería un error confundir la estética barroca —que abría las puertas al exotismo del Nuevo Mundo— con una preocupación nacionalista. Más bien se puede decir lo contrario. Esta predilección por las lenguas y dialectos nativos —imitada de Góngora— no revela tanto una hipotética adivinación de la futura nacionalidad como una viva conciencia de la universalidad del Imperio: indios, criollos, mulatos y españoles forman un todo. Su preocupación por las religiones precortesianas —visible en la loa que precede a *El divino Narciso*— posee el mismo sentido. La función de la Iglesia no es diversa a la del Imperio: conciliar los antagonismos, abrazar las diferencias en una verdad superior.

El amor es uno de los temas constantes de su poesía. Dicen que amó y fue amada. Ella misma así lo da a entender en liras y sonetos —aunque en la *Respuesta a Sor Filotea* advierte que todo lo que escribió, excepto el *Primero sueño,* fue de encargo. Poco importa que esos amores hayan sido ajenos o propios, vividos o soñados: ella los hizo suyos por gracia de la poesía. Su erotismo es intelectual, con lo que no quiero decir que carezca de profundidad o de autenticidad. Se complace, como todos los grandes enamorados, en la dialéctica de la pasión. Y también, sensual, en su retórica, que no es lo mismo que la pasión retórica de ciertas poetisas. Los hombres y mujeres de sus poemas son imágenes, sombras «labradas por la fantasía». Su platonismo no está exento de ardor. Siente a su cuerpo como una llama sin sexo:

Y yo sé que mi cuerpo
sin que a uno u otro se incline
es neutro, o obstracto, cuanto
sólo el alma deposite.

La cuestión es quemante. Y así, la deja «para que otros la ventilen», pues no se debe sutilizar en lo que está bien que se ignore. No menos ambigua es su actitud ante los dos sexos. Los hombres de su soneto y liras son siempre ausencia o desdén, sombras huidizas. En cambio, sus retratos de mujeres son espléndidos, señaladamente los de las virreinas que la protegieron: la marquesa de Mancera y la condesa de Paredes. El romance en esdrújulos que «pinta la proporción hermosa de la señora de Paredes» es una de las obras memorables de la poesía gongorina. No debe escandalizar esta pasión:

Ser mujer y estar ausente
no es de amarte impedimento,
pues sabes tú que las almas
distancia ignoran y sexo.

En casi todas sus poesías amorosas — y también en aquellas que tratan de la amistad que profesa a Filis o a Lisis — aparece el mismo razonamiento: «el amor puro, sin deseo de indecencias, puede sentir lo que el más profano». Sería excesivo hablar de homosexualidad; no lo es advertir que ella misma no oculta la ambigüedad de sus sentimientos. En uno de sus más hondos sonetos repite:

aunque dejes burlado el lazo estrecho
que tu forma fantástica ceñía,
poco importa burlar brazos y pecho
si te labra prisión mi fantasía.

Sus amores, ciertos o fingidos, fueron castos sin duda. Se enamora del cuerpo con el alma, mas ¿quién podrá trazar las fronteras entre uno y otro? Para nosotros cuerpo y alma son lo mismo o casi lo mismo: nuestra idea del cuerpo está teñida de espíritu y a la inversa. Sor Juana vive en un mundo fundado en el dualismo y para ella el problema era de más fácil resolución, tanto en la esfera de las ideas como en la de la conducta. Cuando muere la marquesa de Mancera, se pregunta:

> Bello compuesto en Laura dividido,
> alma inmortal, espíritu glorioso,
> ¿por qué dejaste cuerpo tan hermoso?
> ¿Y para qué tal alma has despedido?

Sor Juana se mueve entre sombras: las de los cuerpos inasibles y las de las almas huidizas. Para ella sólo el amor divino es concreto e ideal a un tiempo. Pero Sor Juana no es un poeta místico y en sus poemas religiosos la divinidad es abstracta. Dios es idea, concepto, y aun ahí donde sigue visiblemente a los místicos se resiste a confundir lo terreno y lo celeste. El amor divino es amor racional.

Su gran amor no fueron estos amores. Desde niña se inclina por las letras. Adolescente, concibe el proyecto de vestirse de hombre y concurrir a la universidad. Resignada a ser autodidacta, se queja: «Cuán duro es estudiar en aquellos caracteres sin alma, careciendo de la voz viva del maestro.» Y añade que todos estos trabajos «los sufría por amor a las letras; oh, ¡si hubiese sido por amor de Dios, que era lo acertado, cuánto hubiera merecido!» Este lamento es una confesión: el conocimiento que busca no es el que está en los libros sagrados. Si la teología es «la reina de las ciencias», ella se demora en sus aledaños: física y lógica, retórica y derecho. Pero su curiosidad no es la del especialista; aspira a la integración de las verdades particulares e insiste en la unidad del saber. La variedad no daña a la comprensión general, antes la exige; todas las ciencias se corresponden: «es la cadena que fingieron los

43

antiguos que salía de la boca de Júpiter, de donde pendían todas las cosas, eslabonadas unas con otras».

Es impresionante su interés por la ciencia. En los versos del *Primero sueño* describe, con pedantería que nos hace sonreír, las funciones alimenticias, los fenómenos del sueño y de la fantasía, el valor curativo de ciertos venenos, las pirámides egipcias, la linterna mágica que:

> *representa fingidas*
> *en la blanca pared varias figuras*
> *de la sombra no menos ayudada*
> *que de la luz que en trémulos reflejos...*

Todo se mezcla: teología y ciencia, retórica barroca y real asombro ante el universo. Su actitud es insólita en la tradición hispánica. Para los grandes españoles el saber se resuelve en acción heroica o en negación del mundo (negación positiva, por decirlo así). Para Sor Juana el mundo es problema. Todo le da ocasión de aguzar preguntas, toda ella se aguza en pregunta. El universo es un vasto laberinto, dentro del cual el alma no acierta a encontrar el desenlace, «sirtes tocando de imposibles en cuantos intenta rumbos seguir». Nada más alejado de este rompecabezas racional que la imagen del mundo que nos han dejado los clásicos españoles. En ellos ciencia y acción se confunden. Saber es obrar y todo obrar, como todo saber, está referido al más allá. Dentro de esta tradición el saber desinteresado parece blasfemia o locura.

La Iglesia no la juzgó loca o blasfema, pero sí lamentó su extravío. En la *Respuesta* nos relata que «la mortificaron y atormentaron con aquel: no conviene a la santa ignorancia este estudio; se ha de perder, se ha de desvanecer en tanta altura con su misma perspicacia y agudeza». Doble soledad: la de la conciencia y la de la mujer. Una superiora — «muy santa y muy cándida, que creyó que el estudio era cosa de la Inquisición» —le manda que no estudie. Su confesor aprieta el cerco y durante dos años la priva de auxilios espirituales. Era difícil resistir a tanta presión contraria, como antes lo había sido no marearse con los halagos de la Corte. Sor Juana persiste. Apoyándose en los textos de los padres de la Iglesia defiende su derecho —y el de todas las mujeres— al conocimiento. Y no sólo al saber; también a la enseñanza: «¿Qué inconveniente tiene que una anciana tenga a su cargo la educación de las doncellas?»

Versátil, atraída por mil cosas a la vez, se defiende estudiando y estudiando se repliega. Si le quitan los libros, le queda el pensamiento que consume más en un cuarto de hora que los textos en cuatro años. Ni en el sueño se libra «de este continuo movimiento de mi imaginativa, antes suele obrar en él más libre y desembarazada ... arguyendo y haciendo versos de que pudiera hacer un catálogo muy grande». Confesión preciosa entre todas y que nos da la clave de su poema capital: el sueño es una más larga y lúcida vigilia. Soñar es conocer. Frente al saber diurno se erige otro, necesariamente rebelde, fuera de la ley y sujeto a un castigo que, más que atemorizar al espíritu, lo estimula. Es ocioso subrayar hasta qué punto la concepción que preside al *Primero sueño* coincide con algunas de las preocupaciones de la poesía moderna.

Debemos la mejor y más clara descripción del asunto de *Primero sueño* al padre Calleja: «Siendo de noche, me dormí; soñé que de una vez quería comprender todas las cosas de que el universo se compone; no pude, ni aun divisar por categorías, ni aun sólo un individuo. Desengañada, amaneció y desperté.» Sor Juana declara que escribió el poema como deliberada imitación de las *Soledades*. Mas el *Sueño* es el poema del asombro nocturno, en tanto que el de Góngora es el del mediodía. Tras las imágenes del poeta cordobés no hay nada porque su mundo es pura ima-

gen, esplendor de la apariencia. El universo de Sor Juana
— pobre en colores, abundante en sombras, abismos y cla-
ridades súbitas — es un laberinto de símbolos, un delirio
racional. *Primero sueño* es el poema del conocimiento. Esto
lo distingue de la poesía gongorina y, más totalmente, de
toda la poesía barroca. Esto mismo lo enlaza, inesperada-
mente, a la poesía alemana romántica y, por ella, a la de
nuestro tiempo.

En algunos pasajes el verso barroco se resiste al inusi-
tado ejercicio de transcribir en imágenes conceptos y fórmu-
las abstractas. El lenguaje se vuelve abrupto y pedantesco.
En otros, los mejores y más intensos, la expresión es verti-
ginosa a fuerza de lucidez. Sor Juana crea un paisaje abs-
tracto y alucinante, hecho de conos, obeliscos, pirámides,
precipicios geométricos y picos agresivos. Su mundo parti-
cipa de la mecánica y del mito. La esfera y el triángulo ri-
gen su cielo vacío. Poesía de la ciencia pero también del
terror nocturno. El poema se inicia cuando la noche reina
sobre el mundo. Todo duerme, vencido por el sueño. Duer-
men el rey y el ladrón, los amantes y el solitario. Yace el
cuerpo entregado a sí mismo. Vida disminuida del cuerpo,
vida desmesurada del espíritu, libre de su peso corporal.
Los alimentos, transformados en calor, engendran sensacio-
nes que la fantasía convierte en imágenes. En lo alto de su
pirámide mental — formada por todas las potencias del
espíritu, memoria e imaginación, juicio y fantasía — el alma
contempla los fantasmas del mundo y, sobre todo, esas figu-
ras de la mente «que intelectuales claras son estrellas» de
su cielo interior. En ellas el alma se recrea en sí misma.
Después, se desprende de esta contemplación y despliega la
mirada por todo lo creado; la diversidad del mundo la
deslumbra y acaba por cegarla. Águila intelectual, el alma
se despeña «en las neutralidades de un mar de asombros».
La caída no la aniquila. Incapaz de volar, trepa. Penosa-
mente, paso a paso, sube la pirámide. Divide al mundo en

categorías, escalas del conocimiento, pues el método debe reparar el «defecto de no poder conocer con un acto intuitivo todo lo creado». El poema describe la marcha del pensamiento, espiral que asciende desde lo inanimado hasta el hombre y su símbolo: el triángulo, figura en la que convergen lo animal y lo divino. El hombre es el lugar de cita de la creación, el punto más alto de tensión de la vida, siempre entre dos abismos: «altiva bajeza ... a merced de amorosa unión». Pero el método no remedia las carencias del espíritu. El entendimiento no puede discernir los enlaces que unen lo inanimado a lo animado, el vegetal al animal, el animal al hombre. Ni siquiera le es dable penetrar en los fenómenos más simples: los individuos son irreductibles como las especies. Oscuramente se da cuenta de que la inmensa variedad de la creación se resuelve en una ley, mas esa ley es inasible. El alma vacila. Acaso sea mejor retroceder. Surgen, como aviso a los temerarios, ejemplos de otras derrotas. La advertencia se vuelve reto y el ánimo se enardece al ver que otros no dudaron en «eternizar su nombre en su ruina». El poema se puebla de imágenes prometeicas: el acto de conocer, no el conocimiento mismo, es el premio del combate. El alma despeñada se afirma y, haciendo halago de su terror, se apresta a elegir nuevos rumbos. En ese instante el cuerpo ayuno de alimentos reclama lo suyo. Brota el sol. Las imágenes se disuelven. El conocimiento es un sueño. Pero la victoria del sol es parcial y cíclica. Triunfa en medio mundo, es vencido en el otro medio. La noche rebelde, «en su mismo despeño recobrada», erige su imperio en los territorios que el sol desampara. Allá otras almas sueñan el sueño de Sor Juana. El universo que nos revela el poema es ambivalente: la vigilia es el sueño; la derrota de la noche, su victoria. El sueño del conocimiento es también: el conocimiento es sueño. Cada afirmación lleva en sí su negación.

La noche de Sor Juana no es la noche carnal de los

amantes. Tampoco es la de los místicos. Noche intelectual, altiva y fija como un ojo inmenso, noche construida a pulso sobre el vacío, geometría rigurosa, obelisco taciturno, todo fija tensión hacia los cielos. Este impulso vertical es lo único que recuerda a otras noches de la mística española. Pero los místicos son como aspirados por las fuerzas celestes, según se ve en ciertos cuadros de El Greco. En el *Primero sueño* el cielo se cierra: las alturas son hostiles al vuelo. Silencio frente al hombre: el ansia de conocer es ilícita y rebelde el alma que sueña el conocimiento. Soledad nocturna de la conciencia. Sequía, vértigo, jadeo. Y sin embargo, no todo es adverso. En su soledad y despeño el hombre se afirma en sí mismo: saber es sueño, mas ese sueño es todo lo que sabemos de nosotros y en él reside nuestra grandeza. Juego de espejos en el que el alma se pierde cada vez que se alcanza y se gana cada vez que se pierde, la emoción del poema brota de la conciencia de esta ambigüedad. La noche vertiginosa y cíclica de Sor Juana nos revela de pronto su centro fijo: *Primero sueño* no es el poema del conocimiento, sino *del acto de conocer.* Y así, Sor Juana trasmuta sus fatalidades históricas y personales, y hace victoria de su derrota, canto de su silencio. Una vez más la poesía se alimenta de historia y biografía. Una vez más, las trasciende.

París, 20 de octubre de 1950

POESÍA MEXICANA MODERNA *

Desde que Pedro Henríquez Ureña señaló que las notas distintivas de la sensibilidad mexicana eran la mesura, la melancolía, el amor a los tonos neutros, las opiniones sobre el carácter de nuestra poesía tienden casi con unanimidad a repetir, subrayar o enriquecer estas afirmaciones. El introvertido mexicano ha creado una poesía sobria, inteligente y afilada, que huye del resplandor tanto como del grito y que, lejos del discurso y de la confesión, se recata, cuando se entrega, en la confidencia. Una poesía que al sollozo prefiere el suspiro, al arrebato la sonrisa, a la sombra nocturna y a la luz meridiana los tintes del crepúsculo. Ni sentimental ni sensitiva: sensible. Nuestra poesía, casi siempre académica, rigurosa y contenida, es una réplica a una geografía volcánica e indomada; representa el antípoda de una historia violenta y sanguinaria y de una política oscura y pintoresca; constituye el silencioso reproche a una pintura que, no contenta con declamar en los muros públicos, irrumpe en las luchas diarias y en la que no es posible distinguir todavía, al cabo de tantos años, la paja con que se nutren ciertos críticos del país y extranjeros del polvo de la propaganda equívoca. En suma, si fuese verdadera la imagen que nos ofrecen los críticos, nuestra poesía sería la otra cara, la de la vigilia, de un pueblo que si bien es callado y cortés, triste y resignado, también es violento y

* Este texto es una refundición de dos artículos, uno de 1942 acerca de la pretendida «tonalidad crepuscular» de la poesía mexicana *(Émula de la llama...)* y otro de 1954 sobre la *Antología de la poesía mexicana* de Antonio Castro Leal.

terrible, un pueblo que grita y mata cuando se emborracha o se enamora, aunque el resto del día permanezca hermético y velado, y que ha hecho, ciego y vidente a un tiempo, una revolución ayuna de teorías y a la que no podemos calificar de universal, sino de todo lo contrario: de intuitiva y oscura, cargada de pasiones más que de ideas, de impulsos más que de propósitos, explosión, más que revolución, de una conciencia reprimida.

México, uno de los pocos países que aún poseen eso que llaman color local, rico de antigüedad legendaria si pobre de historia moderna, parece que se siente avergonzado de sus dones, signos de su miseria y de su pureza, de su incurable incapacidad para vestir el uniforme gris de la civilización contemporánea. El mexicano necesita de la fiesta, de la Revolución o de cualquier otro excitante para revelarse tal cual es; su cortesía y su mesura no son más que la máscara con que su conciencia de sí, su desconfianza vital, cubren el rostro magnífico y atroz. México tiene vergüenza de ser y sólo en las grandes ocasiones arroja la careta, como esos adolescentes apasionados y taciturnos, siempre silenciosos y reservados, que de pronto asombran a las personas mayores con una acción inesperada. La historia nos enseña que la convulsión es nuestra forma de crecimiento. Bomba de tiempo, la sensibilidad mexicana parece complacerse en retrasar el reloj que ha de marcar el estallido final, la final revelación de lo que somos. Ese día, esa noche, subirá al cielo un árbol de fuegos de artificio y una columna de sangre. Mientras tanto, nos hundimos en nosotros mismos, preferimos el silencio al diálogo, la crítica a la creación, la ironía a la acción. El odio y el amor se abrazan en cada uno de nosotros y sus rostros se funden hasta volverse uno solo, indecible e indescriptible. Durante años hemos sentido hacia España un amor encarnizado, que nuestro orgullo encontraba culpable y que nos ha llevado a negarnos, negándola; y hemos hecho algo parecido con nuestro pasado indígena.

Nos despedazamos a nosotros mismos con un extraño gusto por la destrucción y devoramos nuestros corazones con júbilo sagrado. En nuestras manos gotea un ácido que corroe todo lo que tocan. Vivimos enamorados de la nada pero nuestro nihilismo no tiene nada de intelectual: no nace de la razón sino del instinto y, por tanto, es irrefutable. Jamás han sido expresadas por el arte o el pensamiento estas oscuridades y luces de nuestra alma.

En fin, es innecesario extenderse en la consideración de la paradoja que parece constituir una literatura restringida, académica hasta cuando es romántica, frente a un país que nunca ha podido vestir con entera corrección el traje de la civilización racionalista.

Antonio Castro Leal es el crítico mexicano que con mayor inteligencia ha desarrollado, matizado y enriquecido estas ideas sobre la sensibilidad mexicana. Su excelente estudio sobre Juan Ruiz de Alarcón es un ejemplo brillante, aunque no del todo convincente. Nada más natural, así, que unos cuantos esperásemos con impaciencia la aparición de su *Antología de la poesía mexicana moderna*. Al fin el público comprobaría que el período moderno no sólo es el más rico de nuestra historia literaria, sino que también es uno de los más intensos y significativos dentro del movimiento general de la poesía contemporánea en lengua española. En efecto, alguna de las aventuras más arriesgadas y ciertas de las obras más perfectas de la poesía hispánica son mexicanas. Ahora bien, han pasado varios meses desde la aparición del libro de Castro Leal y la crítica ha permanecido silenciosa — como si no se tratase de la obra de uno de nuestros críticos más distinguidos y, sobre todo, como si no se tratase de la poesía mexicana. Con mucha razón el mismo Castro Leal se ha quejado de la ausencia de «estudios serios» sobre su *Antología*. ¡Equívoca situación! Los críticos prefieren no comprometerse, ¡mientras hablan, interminablemente, de la responsabilidad social, política o metafísica del escritor! ¿Estamos vivos o muertos? ¿Es miedo, pereza, indiferencia? No me interesa averiguarlo. En cualquier caso es una deserción.

Las líneas que siguen no pretenden ser ese «estudio serio» que, con justicia, reclama Castro Leal. Pero sí son, por lo menos, la expresión de ese interés apasionado que toda obra humana aspira a despertar. Todo acto — y un libro es un acto — merece una respuesta. La mía es una réplica. De todos modos, me gustaría que Castro Leal entendiese que yo no le hago la ofensa de ignorarlo. Hablo de su libro porque me parece importante y, asimismo, porque juzgo que traiciona a aquello mismo que se propone servir. Toda crítica, aun la adversa, encierra un elemento de solidaridad, puesto que se rehúsa a la complicidad del «ninguneo» y del chisme maloliente.

Ante el libro de Castro Leal la primera pregunta que debemos hacernos es ésta: ¿se trata realmente de una antología de la poesía mexicana? No, a juzgar por el número de autores incluidos: más de un centenar de poetas en un poco más de cincuenta años de historia literaria. Catálogo de nombres, frente al cual se siente la tentación de repetir la frase célebre: «En Nueva España hay más poetas que estiércol.» También resulta extraño que Castro Leal no haya incluido en su selección poemas en prosa. Daría muchos de los versos bien medidos de la *Antología* por dos o tres textos de Torri, Reyes, Owen y otros que han cultivado el poema en prosa, género que como pocos expresa la poesía de la vida moderna. Los reparos anteriores pueden juzgarse de poca monta. Pero, ¿están de veras las obras más importantes, aquellas que dan fisonomía a nuestra poesía y la distinguen entre todas las que se escriben en español?

El libro tiene dos partes: la primera va de Gutiérrez Nájera a Carlos Pellicer; la segunda, de éste a nuestros días. La selección de la primera parte es, en lo esencial, acertada. La segunda revela incomprensión de lo que significa, quiere y es la poesía contemporánea. En primer término, Castro Leal ha decidido, en algunos casos, no publicar los poemas íntegros sino los fragmentos que le parecen mejores. El método no es reprochable; lo es la forma en que se han escogido los fragmentos. Pero lo más grave es que la selección no es buena y deja fuera a los poemas más representativos y característicos, los mejores y más intensos, de la poesía mexicana, salvo en el caso de Pellicer.

La imagen que el libro de Castro Leal nos ofrece de nuestra poesía es la de un arte correcto, que linda más con la artesanía que con la verdadera inspiración. Es posible que esto sea cierto, pero el «buen gusto» y la mesura académica no son toda nuestra poesía. En sus mejores momentos la poesía mexicana, como la de todos los pueblos, ha sido una aventura espiritual. Algunos de nuestros poetas han vivido el acto poético como erotismo y muerte, comunión o conocimiento; para otros, el poema ha sido diálogo con la mujer, el mundo o el espejo. Se han jugado el todo por el todo del poema en una imagen y no han sido infieles a la verdad vital de la poesía, que es algo más que un verso bien hecho.

Tanto en el prólogo como en las notas que preceden a cada selección aparecen ciertas palabras y frases que nos dejan vislumbrar la razón de las diferencias entre la primera parte del libro (que es excelente) y la segunda. Es significativa la abundancia de adjetivos como «sutil», «depurado», «suave», «discreto», «delicado». Castro Leal percibe y recoge con innegable fortuna los acentos velados, melancólicos y matizados. También es sensible a la riqueza rítmica del verso, al peso de la palabra y a las alas del adjetivo. La idea de que las notas predominantes de la literatura mexicana son el tono crepuscular y la melancolía discreta, lo lleva a reducir y recortar. Pero el procedimiento sacrifica la realidad a la teoría. El resultado, a la larga, es monótono. A fuerza de finura se acaba por sentir náuseas.

La introducción recoge y amplía, pero no mejora, estudios anteriores de Castro Leal. Los juicios críticos sobre los precursores y los poetas modernistas son penetrantes. Quizá exagera el ascetismo puramente exterior —más bien disciplina de atleta— del verso de Díaz Mirón. Pero los retratos de Othón, Urbina, González Martínez y el mismo Nájera son modelos de precisión y elegancia. En cambio, nada se nos dice sobre la significación del modernismo mexicano, sobre sus tendencias más profundas, su relación con nuestra tradición poética, sus afinidades y diferencias con el movimiento en otras partes de América y España o sobre su lugar en la poesía moderna universal. Crítico impresionista, Castro Leal pierde de vista las grandes líneas y, también, las tendencias más secretas de la aventura poética.

La figura de Tablada resulta empequeñecida. Tablada no sólo fue el más perfecto y flexible de los poetas de la *Revista Moderna,* sino que, gracias a su admirable espíritu de aventura, es uno de los padres de la poesía contemporánea en lengua española. Su ejemplo estimuló a López Velarde, Pellicer, Villaurrutia, Gorostiza, Torres Bodet y Ortiz de Montellano. También es injusto afirmar que Tablada nada más fue un «cosmopolita». ¿Cosmopolita el hombre que asimiló y transplantó muchos acentos extranjeros sin traicionar jamás su español de mexicano? ¿Cosmopolita aquel que despertó con salvas de imágenes a los poetas jóvenes, adormecidos por el simbolismo moralizante de González Martínez? Inclusive en su período modernista, Tablada no fue ni más ni menos «afrancesado» que Gutiérrez Nájera, Nervo o Rebolledo. Más tarde su poesía nos hizo ver directamente nuestro paisaje y sus imágenes nos enseñaron a considerar el poema como un todo viviente, como un organismo animado. Basta leer los primeros poemas de Pellicer, la «Suite del insomnio» de Villaurrutia, *Biombo* de Torres Bodet, «Dibujos sobre un puerto» de Gorostiza, para darse cuenta de que sin Tablada sería otra la historia de la poesía mexicana. Entre la poesía de *Un día, Li-po* o *El jarro de flores* y la de los poetas de «Contemporáneos» hay una evidente, visible continuidad. En cambio, todos ellos rompieron con la manera de González Martínez.

Castro Leal señala que Reyes «no quiso darle a la poesía más que una parte de su corazón y de su tiempo». Reproche que no deja de ser curioso, si se piensa en la extensión que tiene la obra poética de Reyes, sin contar sus traducciones y sus ensayos sobre la poesía, quizá los más importantes en nuestra lengua. No es necesario repetir aquí lo que he escrito en otras partes sobre Reyes. Baste decir que sin él nuestra literatura sería media literatura.

Los párrafos sobre López Velarde son justos, aunque nada nuevo nos dicen. El lenguaje de López Velarde es un milagro pero nos gustaría saber algo acerca de sus orígenes. Las notas acerca del «estridentismo» carecen de simpatía. Ese movimiento, abortado, es cierto, representó de todos modos una saludable y necesaria explosión de rebeldía. Lástima que durara tan poco. Lástima, también, que no haya tenido herederos directos. Sobre las tendencias y significación del grupo «Contemporáneos» nada nos dice Castro Leal. Calla sus influencias y preferencias, su curiosidad intelectual y estética, su libertad moral, su intransigencia crítica, su amor por las artes plásticas (Tamayo, Lazo y Castellanos pertenecieron al grupo). Silencio sobre la extraña y dramática vida espiritual de Jorge Cuesta. Ni una palabra sobre el monólogo de Villaurrutia, ni sobre el sentido que para él tenían el sueño, el amor y la muerte «muda telegrafía a que nada responde...». Silencio, en fin, sobre el poema capital de José Gorostiza, una de las obras más importantes de la poesía moderna en lengua española. ¿Cómo es posible que ni siquiera se aluda a una poema que tanta influencia ha ejercido y que, torre de cristal y de fuego, está llamado a perdurar con la misma vida de las más altas creaciones del idioma? Gracias a los poetas de «Contemporáneos» penetran en nuestra poesía el mundo de los sueños, las misteriosas correspondencias de Baudelaire, la analogía de Nerval, la inmensa libertad de espíritu de Blake.

El mismo silencio frente al grupo de poetas que se agruparon en «Taller». Castro Leal piensa — guiado quizá por el título de la revista — que el «oficio» tuvo gran importancia para nosotros. Me parece que la idea de Solana, fundador de la revista, era otra: concebía a «Taller» como fraternal y libre comunidad de artistas. Cierto, los problemas técnicos — quiero decir: el lenguaje — constituyeron una de nuestras preocupaciones centrales. Pero jamás vimos la palabra como «medio de expresión». Y esto — nuestra repugnancia por lo literario y nuestra búsqueda de la palabra «original», por oposición a la palabra «personal» — distingue a mi generación de la de «Contemporáneos». La poesía era actividad vital más que ejercicio de expresión. No queríamos tanto decir algo personal como, personalmente, realizarnos en algo que nos trascendiese. Para los poetas de «Contemporáneos» el poema era un objeto que podía desprenderse de su creador; para nosotros, un acto. O sea: la poesía era un «ejercicio espiritual». De ahí nuestro interés por Novalis, Blake y Rimbaud. A todos nos interesaba la poesía como experiencia, es decir, como algo que tenía que ser vivido. Veíamos en ella a una de las formas más altas de la comunión. No es extraño, así, que amor y poesía nos pareciesen las dos caras de una misma realidad. O más exactamente: las dos alas. El amor, como la poesía, era una tentativa por recobrar al hombre adánico, anterior a la escisión y a la desgarradura.

Estas breves notas muestran influencias y afinidades con los místicos, los surrealistas y ciertos escritores como D. H. Lawrence y algunos románticos alemanes e ingleses. Pero no nos interesaba el lenguaje del surrealismo, ni sus teorías sobre la «escritura automática»; nos seducía su afirmación intransigente de ciertos valores que considerábamos — y considero — preciosos entre todos: la imaginación, el amor y la libertad, únicas fuerzas capaces de consagrar al mundo y volverlo de veras «otro». Nada más natural que en ese estado de espíritu volviésemos los ojos hacia ciertos poetas de nuestra lengua tocados por el surrealismo y que encarnaban con brillo sin igual estas tendencias: Cernuda, Aleixandre, Neruda, Larrea, Prados, Lorca, Altolaguirre, Alberti. Creo que ellos influyeron más profundamente en nuestra generación que los «Contemporáneos». En los primeros poemas de Huerta es visible la presencia de Aleixandre, Larrea y Neruda. En Quintero, quizá, influyó sobre todo Neruda (influencia que luego eliminó del todo). La poesía de Luis Cernuda — tras varios contactos anteriores — contribuyó a iluminarme por dentro y me ayudó a decir lo que quería. A todos nos molestaba un poco lo que llamábamos el «intelectualismo» de «Contemporáneos». Concebíamos a la poesía como un «salto mortal», experiencia capaz de sacudir los cimientos del ser y llevarlo a la «otra orilla», ahí donde pactan los contrarios de que estamos hechos.

Una experiencia capaz de transformar al hombre, sí, pero también al mundo. Y, más concretamente, a la sociedad. El poema era un acto, por su naturaleza misma, revolucionario. Castro Leal ofrece una explicación muy superficial de nuestra actitud cuando afirma que algunos de nosotros «abrazamos las causas sociales» — como si la sociedad y sus «causas» fueran algo externo, objetos o cosas. No, para nosotros la actividad poética y la revolucionaria se confundían y eran lo mismo. Cambiar al hombre exigía el cambio de la sociedad. Y a la inversa. Así pues, no se trataba de un «imperativo social» — para emplear el lenguaje de Castro Leal — sino de la imperiosa necesidad, poética y moral, de destruir a la sociedad burguesa para que el hombre total, el hombre poético, dueño al fin de sí mismo, apareciese. Esta posición — que nos llevó a fraternizar con un viejo y amado poeta español: León Felipe — puede resumirse así: para la mayoría del grupo, amor, poesía y revolución eran tres sinónimos ardientes.

Todos hemos cambiado. Algunos han muerto, otros han renunciado. Las posiciones de los que hemos quedado — eso que llaman «ideología» — nos colocan a veces en bandos distintos. El grupo se desgarró. Nosotros mismos, por dentro, estamos desgarrados. Es triste reconocer que no es para mañana el reinado del hombre. Desde 1936, el año en que se inicia la guerra de España, decisiva para mi generación, han pasado muchas cosas. Del bombardeo de Madrid a las nuevas armas nucleares, de los procesos de Moscú a la ejecución de Beria, se han dado pasos inmensos: se mata ahora más simplemente. Pero nada de esto da derecho a Castro Leal para afirmar que algunos de nosotros hemos renunciado a las creencias de nuestra juventud. Se trata de algo de mayor gravedad y de problemas que, me temo, ni sospecha siquiera nuestro crítico.

No quisiera terminar sin aclarar, nuevamente, en qué sentido me parece que la experiencia de la poesía moderna — desde los románticos alemanes e ingleses hasta el surrealismo — aún tiene vigencia. El surrealismo, como tendencia artística, ha hecho sus pruebas. Nada hay que agregar, porque lo hecho fue bien hecho. Pero la doble consigna de mi juventud — «cambiar al hombre» y «cambiar la sociedad» — todavía me parece válida. Creo que piensan lo mismo algunos de mis antiguos compañeros y la mayoría de mis nuevos amigos. Para todos nosotros la edad de la reconciliación del hombre consigo mismo, las bodas de inocencia y experiencia, serán consagradas por la poesía. El mundo se ordenará conforme a los valores de la poesía — libertad y comunión — o caerá en la barbarie técnica, reino circular regido por los nuevos señores: el policía y el «experto en la psicología de las masas». A esto se reducen nuestras creencias políticas, sociales y poéticas.

México, 1954

58

ESTELA DE JOSÉ JUAN TABLADA

El día dos de agosto de 1945 murió el poeta mexicano José Juan Tablada. Murió aquí, en Nueva York,[1] en esta ciudad a la que amó tanto y desde la que escribió algunas de sus mejores crónicas, algunos de sus más intensos poemas. Hace apenas un mes que el poeta murió y, al volver la mirada hacia atrás, hacia ese dos de agosto de su muerte, se tiene la sensación de que se trata de algo que pasó hace ya mucho tiempo. Todo, hasta los muertos, envejece ahora más pronto. No es extraño; hemos estado sujetos a tantas alternativas, a tantas presiones diversas, que el tiempo ha dejado de fluir con su velocidad normal. Hay días que son meses, meses que son años. Y este último mes — el mes de la bomba atómica, de la derrota japonesa y de la paz universal — ha estado tan lleno de vida pública que todo lo otro, el vivir y el morir de cada día, como que ha perdido relieve, como que no encuentra espacio ni sitio: la historia universal lo llena todo. ¡Cuántas cosas en cuatro semanas! Y, sin embargo, Péguy decía: «Homero es nuevo cada mañana y no hay nada más viejo que el periódico de ayer.» La noticia de la muerte de Tablada nos puede parecer un hecho distante, sepultado entre otras fechas, y su muerte puede confundirse, envejecer, arrugarse como se arrugan las noticias de todos los periódicos, pero ¿su poesía? La poesía de Tablada no ha envejecido. No es una noticia sino un hecho del espíritu. Y al leerla nos parece que el poeta

---

[1] Palabras pronunciadas en un homenaje a Tablada, en Nueva York, el tres de septiembre de 1945.

no ha muerto; ni siquiera que la escribió hace ya muchos años. Viva, irónica, concentrada como una hierba de olor, resiste todavía a los años y a los gustos cambiantes de la hora. Resiste a la noticia de su muerte. Cada lector, si la lee con simpatía, puede volver a vivir la aventura del poema y arriesgarse a jugar al juego de imaginación que el poeta le propone, sonriente. Y si lee con pasión acaso encuentre nuevas soluciones a los viejos enigmas poéticos, como el hallazgo inesperado en una caja de sorpresas. Porque la obra de José Juan Tablada es una pequeña caja de sorpresas, de la que surgen en aparente desorden plumas de avestruz, diamantes modernistas, marfiles chinos, idolillos aztecas, dibujos japoneses, una calavera de azúcar, una baraja para decir la buena ventura, un grabado de «La Moda en 1900», el retrato de Lupe Vélez cuando bailaba en el Teatro Lírico, un lampadario, una receta de las monjas de San Jerónimo que declara cómo se hace la conserva de tejocotes, el arco de Arjuna... fragmentos de ciudades, de paisajes, de cielos, de mares, de épocas. Cada poema encierra muchas riquezas, muchas alegrías, si el lector sabe mover el resorte oculto. Y nunca se sabe cuál será la sorpresa que nos aguarda: si el diablo que nos guiña el ojo, el payaso que nos saca la lengua o una rosa que es una bailarina. ¿Quién sabe en qué colores reventará el cohete y si será verde o amarilla su lluvia, cuando en las noches de feria lo vemos subir al cielo?

Tres poetas — Tablada, Ramón López Velarde, Enrique González Martínez — influyeron considerablemente en los jóvenes de su tiempo. Cada uno de ellos representa una tentativa distinta y sus obras nos muestran los frutos de diversas experiencias. González Martínez simboliza la prudencia clásica: nacido, poéticamente, en el mediodía del modernismo, lo interroga y le injerta una conciencia moral. González Martínez no rompe con el lenguaje modernista; atenúa sus excesos, vela sus luces, pero se sirve de sus mismas palabras para advertirnos de su falsedad. Y así, eliminando lentamente lo superfluo, ejercitando un gusto inteligente cuando adopta alguna novedad, su obra se ha ido desprendiendo del pasado, no para lanzarse al futuro, sino para inmovilizarse, severa y melancólica, como una estatua noble en un jardín de las afueras. La unidad y la constancia — que son las virtudes de los ríos serenos — dan a su obra una fluidez navegable, que nunca se interrumpe y nunca se contradice. López Velarde y Tablada, en cambio, negaron al modernismo en el lenguaje y no sólo en el espíritu. Ellos representan la curiosidad, en tanto que González Martínez simboliza la meditación moral. Pero ¡qué distintas aventuras la de López Velarde y la de Tablada! Mientras el poeta de Zacatecas se siente atraído por la aventura interior, hacia dentro de México y hacia dentro de sí mismo, Tablada experimenta la fascinación del viaje, de la fuga: fuga de sí mismo y fuga de México. Viajes: doble París, uno visto con los ojos de Baudelaire y el simbolismo, otro dadaísta y picassiano; un Japón modernista y otro más profundo y ascético, donde Basho dialoga con el árbol y consigo mismo; Nueva York de día y de noche; Bogotá, China, India y un México de fuegos de artificio. Viajes en el espacio y viajes en el tiempo, viajes hacia el pasado y hacia el futuro, pero sobre todo viajes hacia el presente. Su espíritu curioso siempre estaba en acecho de lo que iba a llegar, siempre en espera de lo inesperado. Su poesía tiende a lo inminente. En esta sensibilidad tan ávida para lo temporal reside, quizá, el secreto de la juventud de su obra y, también, una de sus más obvias limitaciones. Siempre dispuesto a tomar el tren, Tablada es el poeta pasajero, el poeta de lo pasajero.

Tablada inicia su prodigiosa vuelta al mundo de la poesía desde el modernismo. En esta escuela de baile literario se da a todos los excesos de la palabra. Su poesía, con antifaz negro, cruza el carnaval poético de fin de siglo, adornada de piedras diz que raras y declamando pecados suntuosos. Pero el disfraz lo cansa y apenas el modernismo se ha convertido en una feria vulgar, se despoja de sus ropajes recamados. ¿Tentativa de desnudez? No, cambio de traje. De su pasado modernista no conserva ninguna huella visible, excepto el gusto por la palabra. (La poesía del período modernista, en cambio, sí conserva las huellas del paso de Tablada: algunos poemas muy característicos, muebles para el museo de la época.) En 1919, en Caracas, desterrado, cuando casi todos los poetas de habla española seguían pensando en la poesía como un ejercicio de amplificación, publica un pequeño libro: *Un día*, poemas sintéticos. En 1922, en Nueva York, otro: *El jarro de flores*. Se trataba de poemas de tres líneas, en los cuales, más que apresar un sentimiento o un objeto, el poeta abría una ventana hacia una perspectiva desconocida. Con estos dos libros Tablada introduce en lengua española el haikú japonés. Su innovación es algo más que una simple importación literaria. Esa forma dio libertad a la imagen y la rescató del poema con argumento, en el que se ahogaba. Cada uno de estos pequeños poemas era una pequeña estrella errante y, casi siempre, un pequeño mundo suficiente. Años más tarde otros poetas descubrirían el valor de la imagen, aislada de la rima y de la lógica del poema; pero mientras que para ellos cada imagen era una flecha lanzada hacia un blanco desconocido o las cuentas sueltas de un collar, para Tablada cada imagen era un poema en sí y cada poema un mundo de relaciones imprevistas, profundo y límpido a la vez. Cuando retrata a un mono en tres líneas:

> *El pequeño mono me mira:*
> *quiere decirme*
> *algo que se le olvida,*

¿no es cierto que sentimos un escalofrío? Pues en esos tres versos Tablada ha insinuado la posibilidad de que sea el mono quien se reconoce en nosotros y él — y no el hombre — quien recuerda su pasado. La misma inquietud, hecha de gozo y perplejidad, nos embarga al releer «Insomnio»:

> *En una pizarra negra*
> *suma cifras de fósforo.*

No es necesario decir más. No es que esté dicho todo: el poeta sólo ha abierto una puerta y nos invita a pasar. Como en esos dibujos japoneses en los que el temblor de una línea parece recoger el eco del paso del viento, Tablada nos entrega un paisaje verde líquido al dibujar un árbol:

> *Tierno saúz,*
> *casi oro, casi ámbar,*
> *casi luz.*

El haikú de Tablada tuvo muchos imitadores. Hubo toda una escuela, una manera, que se prolonga hasta nuestros días. Su importancia verdadera no radica, quizá, en esos ecos sino en esto: las experiencias de Tablada contribuyeron a darnos conciencia del valor de la imagen y del poder de concentración de la palabra.

En 1920, también en Nueva York, publica un nuevo libro: *Li-Po*, versos ideográficos. El poeta sigue al tiempo y casi se le adelanta: en Francia los poetas continuaban los juegos y experimentos iniciados por Apollinaire y en lengua inglesa triunfaba la poesía imaginista. A unos y otros les es deudor Tablada y de ambas corrientes recoge, más que una imitación servil, el gusto por la tipografía y la arqueología poéticas (versiones de poesía japonesa y china, mundos que ya le habían interesado en su juventud modernista). En *Li-Po* hay un ingenioso poema que es una pequeña obra maestra, juego de poesía con imágenes encontradas y choque final, muy pocas veces intentado entre nosotros:

neoyorquina noche dorada
fríos muros de cal moruna

Rector's champaña, fox-trot,
casas mudas y fuertes rejas

y volviendo la mirada
sobre las silenciosas tejas

el alma petrificada
los gatos blancos de la luna

como la mujer de Lot

Y sin embargo
es una
misma
en Nueva York
y Bogotá:
¡la luna!

Todos estos cambios no fueron sólo piruetas sino la expresión de un espíritu siempre curioso e insaciable. Don Juan de la Poesía, cada aventura lo estimulaba a una nueva fuga y a una nueva experiencia. Sus gustos cambiaban, no su objeto: no estaba enamorado de una poética cualquiera sino de la misma poesía. Dotado de fantasía y de un inagotable entusiasmo estético — que se manifiestan también en sus crónicas y en sus críticas de arte —, ninguna novedad le era ajena. «Las pirámides son los gorros de dormir de los faraones», dice en un prólogo firmado en 1918, en una especie de adivinación de la greguería. Él mismo se define: «Todo depende del concepto que se tenga del arte; hay quien lo cree estático y definitivo; yo lo creo en perpetuo movimiento. La obra está en marcha hacia sí misma, como el planeta, y alrededor del sol.» En marcha hacia sí mismo y alrededor del sol, siguiendo la órbita trazada por López Velarde, regresa a México, al cabo de los años. El México que descubre ya no es el afrancesado del porfirismo sino el rescatado por la Revolución y sus músicos, sus pintores y, sobre todo, por López Velarde. Tablada lo reconoce generosamente en su «Retablo»:

> *Poeta municipal y rusticano*
> *tu Poesía fue la Aparición*
> *milagrosa en el árido Peñón*
> *entre nimbos de rosas y de estrellas*
> *y hoy nuestras almas van tras de tus huellas*
> *a la Provincia, en peregrinación.*

El México de *La feria* (1928, Nueva York) no es una patria íntima y sonámbula, sino externa y decorativa. México de alarido y de color, barroco y popular, de 15 de Septiembre y de piñata de posada. México indio y mestizo, enmascarado como un sacerdote azteca, delirante como el borracho y el cohete, esos gemelos del mitote. México de ballet. El poeta canta al mole eclesiástico y sombrío, a la alegría de los «pollos dorados entre verdes lechugas», al loro que «es sólo un gajo de follaje con un poco de sol en la mollera», al canto del gallo que «arroja al cielo las onzas del siete de oros», al ídolo en el atrio, a las campanas de la torre, al volantín, a todo lo que en México danza o salta, aúlla o canta, gira o brilla. Mas no le ciegan los colores en algarabía, ni le ensordecen las músicas y los gritos; también es capaz de oír el silencio de la meseta y en ese silencio percibir el misterio de las viejas mitologías:

> *En mitad de la llanura*
> *hay una roca*
> *que va tomando la figura*
> *del gran brujo Tezcatlipoca.*

Homenaje a la Revolución Mexicana, graba a punta seca este pequeño cuadro:

«Justicia de los humanos»
con azogado gris
la luna escribe en los pantanos;
y un cadáver aprieta entre las manos
sendas mazorcas de maíz.

Se le reprocha una falta de unidad que nunca buscó. La unidad, en él, reside en su fidelidad a la aventura. En cambio, ¿cómo no ver en su poesía otras virtudes: la curiosidad, la ironía, el poder de concentración, la agilidad, la renovada frescura de la imagen? ¿Y cómo olvidar que este poeta, que todos juzgan tan afectado y literario, fue el único entre nosotros, hasta la aparición de Carlos Pellicer, que se atreve a ver con ojos limpios a la naturaleza, sin convertirla en símbolo o en decoración? Su infinita simpatía por los animales, los árboles, las yerbas o la luna, lo llevan a descubrir la vieja puerta condenada durante siglos: la puerta que nos abre la comunicación con el instante. En sus mejores momentos la poesía de Tablada es un milagroso acuerdo con el mundo. ¿Seremos tan insensibles a la verdadera poesía que ignoremos al poeta que ha tenido los ojos más vivos y puros de su época y que nos ha mostrado que la palabra es capaz de reconciliar al hombre con los astros, los animales y las raíces? La obra de Tablada nos invita a la vida. No a la vida heroica, ni a la vida ascética, sino, simple y sencillamente, a la vida. A la aventura y al viaje. Nos invita a tener los ojos abiertos, a saber abandonar la ciudad natal y el verso que se ha convertido en una mala costumbre, nos invita a buscar nuevos cielos y nuevos amores. «Todo está en marcha — nos dice —, en marcha hacia sí mismo.» Y, ya lo sabemos, para volver hacia nosotros mismos es necesario salir y arriesgarse.

Nueva York, 1945

EL LENGUAJE DE LÓPEZ VELARDE

Algunas de nuestras más rigurosas tentativas poéticas coinciden con el último período de la dictadura de Porfirio Díaz. A su época — vacía, satisfecha y enamorada de su propia mentira — Salvador Díaz Mirón y Manuel José Othón oponen una forma desdeñosa y estricta, que la ignora. Sus mejores poemas son esculturas, piedras solitarias que resisten tanto a la invasión de la selva sentimental como a la sequía espiritual de su tiempo. Almas exigentes, implacables y desdeñosas, apenas si se entregan. Se ha dicho que su poesía está en sus silencios, en su reserva. O en el breve relámpago de un terceto, de una imagen amarga, chispa lograda por la colisión de dos durezas o de dos frialdades. Esta actitud fue compartida por sus sucesores modernistas: el lenguaje preciso y desdeñoso de *Lascas* y la desolación escultórica del «Idilio salvaje» ceden el sitio a un idioma que, si es más colorido y nervioso, no es menos aristocrático. El poeta que cierra el período modernista, Enrique González Martínez, también es un solitario, como Othón y Díaz Mirón, y su poesía tiende a convertirse en una escultura aislada. Después de estos poetas hay un cambio de tono y dirección. Tablada lo inicia, lo ahonda López Velarde y Pellicer lo extrema.

Se dice que Ramón López Velarde es el descubridor de la provincia. Más justo sería decir que la provincia descubre en la poesía de López Velarde a la capital: al horror, a la sensualidad y al pecado. Después de *Zozobra, El minutero* y *El son del corazón* no es posible reducir su poesía a la ingenuidad fervorosa, pero fatalmente limitada, de sus cantos a Fuensanta y a la vida recoleta o colorida de una «bizarra capital» de provincia, como lo advirtió, primero que nadie, Xavier Villaurrutia. La complejidad de esta porción de su obra — la más importante y significativa — lleva a Villaurrutia a señalar cierto parentesco entre la poesía de nuestro poeta y la de Baudelaire. Mas apenas insinúa esta relación se apresura a decirnos que «sería injusto y artificial establecer un paralelo entre ambos poetas e imposible anotar siquiera una imitación directa o señalar una influencia exterior y precisa». Y es verdad: el lenguaje de López Velarde no ostenta huella alguna del poeta francés, aunque algunos de sus textos en prosa sí recuerdan pasajes de *Le Spleen de Paris*, como ese tigre enjaulado que describe con su cola sangrante el signo de infinito. Para justificar su opinión, Villaurrutia agrega que hay en ambos poetas un conflicto psíquico y una constante oscilación entre lo que, para hablar con inexactitud, se llama el bien y el mal. Este debate los hace de la misma familia de espíritus. Pero aun esta afirmación debe ser examinada con reserva. Vistas de cerca, no parecen tan semejantes las actitudes vitales de Baudelaire y de López Velarde. Mientras el primero alternativamente se inclina y retrocede ante el abismo de su propio ser, y no se hunde en el vacío sino para retroceder, condenado a una ambigüedad que sólo se resuelve en la poesía:

> *Et mon esprit, toujours du vertige hanté*
> *Jalouse du néant l'insensibilité.*
> *Ah, ne jamais sortir des Nombres et des Êtres!,*

el drama de López Velarde es el del pecador ante «los vertebrales espejos de la belleza». Ni el orgullo ni el horror lo fascinan. Otros son sus vértigos, otros sus pecados y otros sus paraísos. Su religiosidad es menos profunda pero más directa:

Mi conciencia, mojada por el hisopo, es un ciprés
que en una huerta conventual se contrista.

Baudelaire es un rebelde y siente la fascinación de la
nada. López Velarde un pecador y sufre la atracción de
la carne. El francés es orgulloso y canta a Satán, el prín-
cipe de la inteligencia autosuficiente; el mexicano no duda
ni blasfema y sueña con la renunciación final y el perdón
postrero. Así, creo que la opinión de Villaurrutia no re-
siste las pruebas de la crítica. Y, sin embargo, según me
propongo mostrar en seguida, hay algo en la obra de
López Velarde que lo convierte en un lejano, inesperado
e indirecto descendiente de Baudelaire.

La forma poética — que iba a ser desollada por Rim-
baud, «the poet with the red hands» y a la que Mallar-
mé iba a someter a operaciones quirúrgicas más sutiles —
apenas si es modificada por el poeta de *Las flores del
mal*. El alejandrino sale de sus manos como había llega-
do: intacto. Pero en esa forma estricta y monótona, Bau-
delaire destila algunos ácidos corrosivos que escandaliza-
ron a muchos: situaciones y expresiones en las que la
ciudad moderna, sus verdugos y sus víctimas, son los per-
sonajes centrales. El tema romántico de la soledad se trans-
forma, a partir de Baudelaire, en el de la soledad del
hombre perdido en la multitud sin rostro. El poeta es un
prisionero de sí mismo. La lucidez con que contempla la
grotesca agonía de cada minuto y el frío interés con que
mide el espesor de las invisibles paredes que lo cercan,
convierten a su canto en reflexión y blasfemia, música fú-
nebre y «examen de media noche». Baudelaire es el pri-
mer poeta moderno porque es el primero que tiene concien-
cia de la función crítica de la poesía. Poesía de la urbe,
la poesía moderna oscila entre la prosa y el canto. Ahora
bien, entre los descendientes de Baudelaire hay uno, Jules
Laforgue, que encarna mejor que nadie este dualismo de

69

prosa y poesía. Laforgue es un poeta menor, pero su influencia fuera de Francia ha sido tan profunda como asombrosa para los franceses, que no aciertan a comprender la razón de su fortuna en el extranjero. La presencia de Laforgue es constante en un poeta sudamericano admirado por López Velarde: el argentino Lugones («el más excelso o el más hondo poeta de habla castellana»). Es inútil destacar las correspondencias entre Lugones y Laforgue. Cualquier lector del *Lunario sentimental* las advierte. Tampoco es indispensable saber si López Velarde conoció directamente al autor de *Complaintes*. Vale la pena, en cambio, señalar que muchas de las virtudes que nuestro poeta admiraba en Lugones se encuentran en la poesía de Laforgue: la rima inesperada, la imagen autosuficiente, la ironía, el dinamismo de los contrastes, el choque entre lenguaje literario y lenguaje hablado. Para López Velarde la originalidad de Lugones (a la que él mismo aspiraba) residía en «la reducción de la vida sentimental a ecuaciones psicológicas», tentativa que no es diversa a la de Laforgue. Cierto, quizá el valor de su obra no consiste tanto en esta pretensión psicológica, más bien ingenua, cuanto en la rara virtud de su lenguaje y de sus imágenes. Pero ese lenguaje, en el que se alía el amor por lo raro a la fidelidad por lo genuino, acaso hubiera sido imposible sin el ejemplo de Lugones, discípulo de Laforgue, heredero menor de Baudelaire.

Son sorprendentes las correspondencias entre López Velarde y Laforgue. (Ninguna, es cierto, invalida las que ha descubierto Luis Noyola Vázquez — y que se refieren, casi siempre, a las primeras tentativas de López Velarde — ni tampoco niega las más directas que otros destacan: Lugones, Luis Carlos López, Herrera y Reissig.) Ecos de una influencia refleja o de una lectura persistente, las analogías que se advierten entre el francés y el mexicano son impresionantes:

Mon Moi, c'est Galathée aveuglant Pygmalion.
Impossible de modifier cette situation.

La misma confesión, sentimental e irónica, con el mismo
gusto por la rima realista y erudita a un tiempo, se en-
cuentra en López Velarde. Hay, incluso, una visión seme-
jante de la provincia:

> *Ah, la belle pleine lune*
> *Grosse comme une fortune;*
> *La retraite sonne au loin;*
> *Un passant, monsieur l'adjoint;*
> *Un clavecin joue en face;*
> *Un chat traverse la place:*
> *La province qui s'endort.*

El procedimiento es el mismo de «El retorno maléfico»
y de otros poemas, sólo que la atmósfera de López Velar-
de es más dramática y su lenguaje menos irónico.

Las reflexiones anteriores muestran que López Velar-
de no es solamente el poeta que descubre a la provincia
— como piensa la mayoría de los críticos — ni tampoco el
que descubre la ciudad y el mar — según afirma Villaurru-
tia —, sino que es, sobre todo, el creador de un lenguaje. Ese
lenguaje no es el de la provincia ni el de la ciudad, el len-
guaje hablado de su pueblo o el escrito por los poetas de
su tiempo, sino uno nuevo, creado por él, aunque tiene
sus necesarios antecedentes en Lugones y en Laforgue. En
ellos aprende López Velarde el secreto de esas imágenes
que mezclan, en dosis explosivas, lo cotidiano con lo inu-
sitado y que un adjetivo incandescente ilumina, arte que
participa de la fórmula química y de la magia. La origina-
lidad de López Velarde consiste en seguir un procedimiento
inverso al de sus maestros: no parte del lenguaje poético
hacia la realidad, en un viaje descendente que en ocasio-

nes es una caída en lo prosaico, sino que asciende del lenguaje cotidiano hacia uno nuevo, difícil y personal. El poeta se sumerge en el habla provinciana — casi a tientas, con la certeza sonámbula de la doble vista — y extrae de ese fondo maternal expresiones entrañables, que luego elabora y hace estallar en el aire opaco. Con menos premeditación que Eliot — otro descendiente de Laforgue —, su lenguaje parte del habla común, esto es, de la conversación. Él mismo advierte que ama el diálogo — la plática — y que detesta los discursos.

El lenguaje de López Velarde parte de la conversación: nunca se detiene en ella. Su poesía no habría tenido más resonancia que la de González León si no la hubiera sometido a una recreación más estricta y a una búsqueda más rigurosa. Tradición y novedad, realismo e innovación habitan su estilo, no para enfrentarse como dos mundos enemigos — según ocurre en ciertos poemas modernos —, sino para fundirse en una imagen insólita. Por la gracia opaca y relampagueante de su lenguaje, López Velarde penetra en sí mismo y pasa de la confesión sentimental de sus primeros poemas a la lucidez de *Zozobra*. Su drama sería oscuro y vulgar sin ese idioma que con tan cruel perfección lo desnuda. Y su estilo, asimismo, no sería sino una retórica si no fuera porque es, asimismo, una conciencia. La palabra es espejo, conciencia escrupulosa. Todo lenguaje, si se extrema como extremó el suyo López Velarde, termina por ser una conciencia. Y allí donde comienza la conciencia del lenguaje, la desconfianza frente al lenguaje heredado, principia la recreación de uno nuevo. O principia el silencio. Principia la poesía.

La palabra, cuando es creación, desnuda. La primera virtud de la poesía, tanto para el poeta como para el lector, consiste en la revelación del propio ser. La conciencia de las palabras lleva a la conciencia de uno mismo: a conocerse, a reconocerse. Y ese mismo lenguaje, que es la única conciencia del poeta, lo impulsa fatalmente a convertirse en conciencia de su pueblo. Toda palabra, inclusive la palabra prohibida, la palabra personal, es bien común. En el primer tiempo de la operación poética, el poeta parte del lenguaje de todos para hacerse uno personal; en el segundo, aspira a que su lenguaje sea objeto de comunión. La tentativa poética se convierte en tentativa de participación. Y lo que se parte y reparte, el objeto del sacrificio comunal, es el poema. Si López Velarde se descubre a sí mismo gracias al lenguaje de los mexicanos, más tarde su lenguaje tiende a revelar a los mexicanos su propio ser y sus conflictos. Dueño de un lenguaje, al mismo tiempo suyo y de su pueblo, el poeta no tiene más remedio que hablar por todos y para todos.

La tentación del himno cívico era tan fatal para López Velarde como para un poeta de otro tiempo la del poema religioso. La originalidad de «La suave patria» consiste en que se trata de un himno dicho con ironía, ternura, recato y cierto rubor. El poeta canta «a la manera del tenor que imita la gutural entonación del bajo». Canta en voz baja y evita la elocuencia, el discurso y las grandes palabras. Su México no es una patria heroica sino cotidiana, entrañable y pintoresca, vista con ojos de enamorado lúcido y que sabe que todo amor es mortal. Vista, asimismo, con mirada limpia y humilde, de hombre que la ha recorrido en los días difíciles de la guerra civil. Patria pobre, patria de pobres. Hombre de la Revolución, López Velarde pide un retorno a los orígenes: nos pide volver a México, porque él mismo acaba de regresar y reconocerse en esas mestizas que «ponen la inmensidad sobre los corazones». Patria diminuta y enorme, cotidiana y milagrosa como la poesía misma, el himno con que la canta López Velarde posee la autenticidad y la delicadeza de una conversación amorosa.

Al escribir «La suave patria» quizá López Velarde era demasiado dueño de su estilo. Quizá ese estilo, esa manera, se había adueñado del poeta. Quizá hemos cambiado y no creemos ya en muchas cosas en que creía López Velarde. O creemos de otra manera. Nada de esto invalida la fatalidad que lo llevó a escribir ese poema y que da un acento tan genuino a sus mejores estrofas. «La suave patria» no tiene descendencia, a pesar de que ha merecido respuestas y prolongaciones. No podía ser de otro modo. Nadie piensa ahora que la salvación de México consiste en imitarse, en ser igual a sí mismo. Pero si su prédica ha sido desoída, nadie ha olvidado sus palabras. Por ellas tenemos conciencia de las nuestras, necesariamente diferentes. Nos contemplamos en ellas, no para repetirlas, sino para buscar la palabra que las prolongue.

París, 1950

LA POESÍA DE CARLOS PELLICER

Ramón López Velarde y José Juan Tablada son los iniciadores de la poesía moderna en México. Nuestro primer poeta realmente «moderno» es Carlos Pellicer. Cuando sus compañeros de generación aún se demoraban en la retórica de González Martínez o seguían encandilados por el esplendor del moribundo simbolismo francés, Pellicer echa a volar sus primeras y memorables imágenes, con la alegría de aquel que regresa a su tierra con pájaros nunca vistos. Pues eso eran aquellas imágenes: pájaros de las islas y los montes, pájaros salvajes misteriosamente posados en el hombro del poeta. Y todo con un aire de sencillez milagrosa:

> *Aquí no pasan cosas*
> *de mayor trascendencia que las rosas.*

Ignoro si al escribir los poemas de *Colores en el mar* (1922), *Piedra de sacrificios* (1924) y *Seis, siete poemas* (1924), Pellicer conocía la poesía de Huidobro, el gran poeta que precisamente en esos años ardía en maravillosos fuegos y juegos de artificios, que iluminaron con nueva luz la poesía de lengua española. No lo creo: su común afición por la imagen dotada de alas, su descubrimiento de la aviación poética — amor al que Pellicer sigue fiel: su último libro se llama *Práctica de vuelo* —, su alegría y su encantadora desfachatez para hablarle de tú a la poesía, son notas más o menos presentes en los poetas en esos años. Casi todos ellos, directa o indirectamente, descienden — o

mejor dicho : ascienden, pues su carrera poética es un vue-
lo — de Apollinaire, el «pájaro de lujo» que a principios
de siglo decidió anidar a la mitad del cielo, entre los astros
y la tierra. En todo caso, la imagen del Pellicer de enton-
ces era menos abstracta y geométrica, menos disparo, estrella
o cohete y más chorro de agua, que la de Huidobro. La
actitud del primer Pellicer está más cerca de la de Tablada,
que en esos días escribía sus mejores haikú. Pero lo que
en él era arte de miniaturista, concentración, economía
de medios, en Pellicer era el repentino y pródigo florecer de
un temperamento incomparablemente más rico y poderoso.
Muchos de sus poemas de esa época no son más que una
prodigiosa sucesión de metáforas e impresiones visuales y
sonoras. A veces, sin embargo, el humor lo acerca al haikú ;
a un haikú que Tablada, más incisivo y menos espontáneo,
nunca practicó :

> *Por la tarde vendrá Claude Monet*
> *a comer cosas azules y eléctricas.*

Tarde caliente, habitación en penumbra donde arde aún
la luz del sol. Desde el principio, Pellicer fue un poeta
solar : «todo lo que yo toque, se llenará de sol». Sol de
América y Asia, sol tam-tam, sol que «madura entre los
cuernos del venado», sol-fruto-corazón. Si la poesía mexi-
cana es medio tono crepuscular, nadie menos mexicano que
Pellicer. Por fortuna no es así y una de sus virtudes es
habernos mostrado que, como lo creían los antiguos indios,
un sol secreto arde en el pecho de jade de México. Ese
sol es un corazón y un surtidor. No, México no es un vol-
cán apagado sino un fuego subterráneo que de pronto se
abre paso entre las capas de piedra, hueso, polvo y siglos
y se eleva en una columna dorada. Esa columna se llama
Tamayo en la pintura, Pellicer en la poesía. Mientras otros
poetas iniciaban un largo y dramático viaje hacia los pá-

ramos de su propia conciencia, Pellicer sigue el camino del sol y se pone a nombrar las cosas de América:

> *El caimán es un perro aplastado.*
> *Las garzas inmovilizan el tiempo.*
> *La serpiente se suma veinte veces.*
> *En una barca de caoba,*
> *desnudo y negro,*
> *baja por el río Quetzalcóatl.*

Es el trópico: «nadie sabe qué hora es». Y el tiempo renace, «creado para soñar y ser perfecto». El tiempo: el ocio para nombrar las cosas, para devolverles su brillo y su vuelo. Todo lo que toca el poeta se llena de alas. Su poesía es el vuelo de una bandada de palabras, abriéndose paso ante la luz solar. Por el camino del sol ¿adónde va el poeta? A ninguna parte: su viaje es un vagabundeo deslumbrado. Cuando se cansa, se posa en la chimenea de un gran barco, anclado en Río o en Amsterdam:

> *Unos enanos pintan una proa enorme.*
> *Desembarcan loros de Java*
> *gritando en portugués.*
> *Pasa una vaca poderosa*
> *con aretes y corsé.*

> . . . .

> *Nos veremos a las 7 en Kalverstraat.*
> *No puedo porque voy a la Sinagoga.*
> *Es falso: la Reina no abdicará.*

El paisaje de la urbe moderna lo divierte y seduce. Su ojo fija a unos obreros que «desmoronan la altura a martillazos». Pero es insensible al drama de la ciudad y siente una instintiva desconfianza ante ese mundo de piedra, hierro y dinero. Sus ciudades son otras: Florencia, Constantinopla, Palemke, Jerusalén, Aviñón, los pequeños pueblos de México. Ni siquiera lo tientan las ruinas de Pompeya, «Atlantic City de otros días». El mundo moderno es absurdo, feo, rutinario, «oficial»:

> *Los fonógrafos repiten lo que oyeron*
> *y los héroes van aún a caballo.*

Frente a la fealdad de nuestra civilización, el poeta esgrime «las palabras iguales para salir del Mundo». ¿Para salir? Acaso sea más exacto decir: para recorrerlo, acariciarlo, cantarlo. Sí, el mundo existe y es hermoso: «Confesemos nuestra estupidez, alabemos nuestros sentidos, oíd, mirad, sentid.» Sobre todo: mirad. El poeta tiene los ojos en las manos. El mundo que nos entrega es un mundo mejor que el nuestro: más fresco e inocente, ya sin polvo ni sangre ni odio, recién salido del baño, acabado de pintar, acabado de nacer.

A la inversa de Villaurrutia — que siempre tuvo la angustiosa sensación de sentirse mirado, «por mil Argos, por mil largos segundos» —, en la obra de Pellicer nunca aparece la mirada ajena. Es todo ojos y esos ojos están lanzados al exterior. No es un azar que su primer libro se llame *Colores en el mar* y que el de Villaurrutia ostente un título no menos revelador: *Reflejos*. Para Villaurrutia el mundo no tiene cuerpo ni substancia: es un reflejo, una mirada que nos refleja. Si la conciencia y el mundo son reflejo de un reflejo, lo único real es la muerte, que se convierte así en el objeto de la *reflexión* poética. En Pellicer casi nunca aparece la conciencia y menos aún la reflexión. Con lo cual no quiero decir que carezca de vida interior o espiritual. Por el contrario, su poesía está bañada — sobre todo a partir de *Hora de junio* (1937) — por un sentimiento que no es fácil encontrar en los poetas modernos: la humildad, el asom-

78

bro, la alabanza al creador y a la vida. Este sentimiento late en las estrofas de *Hora y veinte* (1927) y *Camino* (1929), se afirma en *Recinto* (1941) y *Subordinaciones* (1948) y culmina en los espléndidos sonetos religiosos de *Práctica de vuelo* (1956). Cántico devoto, nada intelectual, fe elemental de carpintero y artista, hecha del doble sentimiento franciscano de la hermandad de todas las criaturas y de la fidelidad al creador. Confianza simple del corazón. Nada más lejos de la fe retorcida del intelectual o de la razonadora e inquisitorial del teólogo. Pellicer no razona ni predica: canta.

Cada poeta trae algo nuevo a la poesía. Uno de los grandes regalos que Pellicer nos ha hecho es el sol. El otro es el mar. Poetas de meseta y montaña como Othón, de lagos y ríos como Urbina, jardineros como Tablada, astrónomos como González Martínez, exploradores del tiempo y la conciencia como Jorge Cuesta, arquitectos de torres racionales en medio de los abismos nocturnos como Sor Juana, en casi ninguno de nuestros poetas está presente el mar. Al menos con esa luz, esa vehemencia, esa insistencia de oleaje. Pellicer lleva de la mano al mar nocturno y al mar diurno, al mar resonante de fechas y batallas y al mar salvaje, sin nombre todavía. Se pasea por la costa nocturna «con tijeras podadoras de estrellas y de espumas», corta las flores de coral del árbol del mar, «sube a su país de imágenes» y en su torre enciende las viejas voces marinas. Ardiente constelación de luces rojas, verdes, azules. El pecho de piedra de México ya tiene un tatuaje de caracoles, frutos y aves marinas.

Pellicer no es un poeta de poemas sino de instantes poéticos. Por eso, aun en sus composiciones menos logradas, siempre es posible rescatar dos o tres versos sorprendentes e inolvidables. Esos hallazgos se producen con la naturalidad con que el peral da peras y rosas el rosal. Poeta fatal, su poesía poco o nada le debe a la conciencia crítica, aunque él profesa un inocente y supersticioso culto por la técnica, que lo ha llevado a hacer de Díaz Mirón — su antípoda — uno de sus dioses mayores. No deja de ser asombroso que un poeta tan espontáneo y rico, tan habitado por la verdadera inspiración y la gracia poética, admire de tal modo al frío, retórico, tieso Díaz Mirón. En los últimos años, acaso por la influencia de sus compañeros de generación — todos ellos dotados de gran espíritu crítico —, se ha extendido entre nosotros una desconfianza exagerada ante los poderes de la inspiración. A fuerza de señalar sus peligros, se ha olvidado que el verdadero poeta es siempre un inspirado; y se confunde a la inspiración con la facilidad. La facilidad es maestría, habilidad, recursos, don externo; la inspiración, manar interior, canto que brota de una herida, fatalidad. El poeta transmuta su fatalidad en imagen y así le otorga libertad. Esta transmutación, puede ser de índole reflexiva, como en Villaurrutia, o mágica, según sucede con Pellicer, pero está marcada siempre con el sello de lo inevitable. La renovada aparición del nombre de Villaurrutia en estas páginas no ha sido buscada. Tampoco es accidental: ambos poetas, al mismo tiempo dueños y esclavos de sus dones, son un ejemplo de la libre fatalidad poética. Cada uno es rey de su mundo poético. Rey y prisionero, pues está condenado a no traspasar sus límites. Cuando Pellicer intenta penetrar en el reino de la noche, donde el insomnio multiplica a la conciencia en mil espejos que la repiten hasta anularla, incurre en la queja sentimental. Y otro tanto sucede con Villaurrutia: el «Canto a la primavera» es una desafortunada tentativa por apropiarse de algo que no le perenecía. Ese mundo de flores que cantan y de árboles que vuelan es el reino de Pellicer.

La imagen es el corazón de la poesía de Pellicer. Toda su obra es una luminosa metáfora. Ahora bien, un mundo de metáforas es un mundo mágico. Su poesía es magia, continua metamorfosis. Estas sucesivas transformaciones no entrañan, sin embargo, una verdadera transmutación. O dicho de otro modo: el poeta se transforma, pero no cambia, no *deviene*. Frazer distinguía entre la «magia por imitación» y la «magia por contagio»; la primera se funda en la similitud: *esto es como aquello;* la segunda, en la acción del contacto, la contigüidad o la simpatía: las cosas influyen unas sobre otras y se modifican mutuamente, según se acerquen o alejen entre ellas. Así, la «magia simpática» es de esencia erótica y constituye la raíz de la metáfora radical, que no compara sino funde los términos: *esto es aquello*. La magia de Pellicer pertenece a la primera especie; en su poesía hay vuelo, no «salto mortal» ni cambio de un estado a otro. La frase «Yo es otro», Pellicer no podría decirla. En su mundo falta la presencia de la gran Diosa que es vida y muerte, la experiencia de la noche primordial en cuyo seno los elementos se mezclan y el caos regresa para transformar y transmutar al hombre. Como los otros dos grandes poetas de su generación — Gorostiza y Villaurrutia — está condenado a ser él mismo. En el otro extremo de Neruda y los surrealistas, los poetas de «Contemporáneos» se muestran insensibles a la fascinación de la noche de místicos y románticos. Sólo que, a diferencia de sus compañeros, Pellicer no es un solitario: en toda su poesía late un hermoso sentimiento de fraternidad con la naturaleza y sus criaturas. No en balde es un devoto de San Francisco. Fraternidad no es comunión, mas por gracia de esta hermandad con la vida su obra no termina en un monólogo sino en un canto de alabanza a la creación.

Han pasado más de treinta años desde la aparición de su primer libro y su poesía sigue siendo un inagotable surtidor de alegrías verbales. Las combinaciones retóricas y melódicas en que a veces se obstina no le han hecho perder nada de su admirable espontaneidad. Cascada nocturna cayendo sobre la espalda de granito de la costa, sílabas azules, verdes y moradas del mar que entra a saco por los acantilados, frutos que estallan como astros, astros que se caen de maduros, flores que son pájaros, pájaros que son un collar de música en el cuello del sol. Hermano de la ceiba y del venado, de la estrella de mar y del colibrí, hijo mayor del Sol, Carlos Pellicer avanza desde los grandes ríos de Tabasco y llega a la meseta — sin acabar de llegar nunca — con su «voz de agua nueva». Gran bocanada de salud — el sabor del mar, el sabor del estío, el olor de la aurora bañándose en el agua todavía nocturna del río —, su poesía conserva intacto su inicial poder de entusiasmo.

Pellicer es el más rico y vasto de los poetas de su generación. Hay poetas más perfectos; más densos y dramáticos; más afilados y hondos: ninguno tiene su amplia respiración, su deslumbrada y deslumbrante sensualidad. No importa que en su obra la reflexión, la angustia, el drama del hombre o el diálogo erótico con el mundo ocupen un sitio muy reducido; en cambio las otras potencias del espíritu, desdeñadas por el hombre moderno, lo inundan todo con su dichosa presencia. Su poesía es una vena de agua en el desierto; su alegría nos devuelve la fe en la alegría.

«Poeta del paisaje», han dicho. Pero su paisaje tiene sensibilidad y movimiento: es un estado de armonía dichoso y deslumbrado. En tanto que otros lo sufren o lo niegan, él, con un candor jubiloso, pretende ordenar al mundo. En los primeros tiempos este orden era el del juego; después fue un orden monumental, como si quisiera recordar a los toltecas y a los mayas. La alegría de la sorpresa desaparece para ceder el sitio a la unción del que contempla y ordena. Llamarlo «poeta del paisaje» es una media verdad. Su propósito es distinto al del simple paisajista. Cierto, en todo paisaje la naturaleza está sometida a una perspectiva y a un orden. En Pellicer el orden no tiene las dimensiones ni el sentido del paisaje habitual: nuestro poeta crea una arquitectura y una mitología con los elementos originales del mundo.

Todo poeta es un creador de mitos. Los mitos de Pellicer

no hieren al sentimiento ni deslumbran a la razón. Las notas salientes de su poesía son la contemplación, la embriaguez de los ojos ante la grandeza del mundo; el humor — un humor que no tiene nada que ver con la ironía de la inteligencia sino que brota de la salud del espíritu, conforme con su limitación —; el pasmo, el asombro y la queja patética frente a la pequeñez del hombre. Si continúa una tradición mexicana del paisaje, trascendiéndola; si, desde otro punto de vista — el menos interesante a mi juicio —, se ostenta como la heredera del Darío de algunos poemas de *Cantos de vida y esperanza,* también es cierto que la poesía de Pellicer no pertenece tanto al pasado como al porvenir. La naturaleza, abandonada durante tanto tiempo por los poetas modernos, espera dormida, hablando en sueños. Pellicer nos ha dado a beber un agua nueva. Y como él mismo ha dicho: «El agua de los cántaros sabe a pájaros.»

México, 1955

Ciertas obras tienden a imponerse por su abundancia. El fluir de ritmos y palabras, parecido a la marcha de las grandes aguas desbordadas, acaba por vencer la resistencia que todo lector lúcido opone a la embriaguez verbal. Río de imágenes, serpiente de fulgores y oscuridades, el poema se abre paso, avanza y, de pronto, se echa a volar cubriendo con sus dos alas la conciencia adormecida. Sometidos, cerramos los ojos, la marea nos arrastra, una vez más vencen los poderes del principio: el sueño, la sangre, el delirio. La poesía vuelve a ser tam-tam, letanía, danza. Otras obras, en cambio, no acuden a la complicidad de las evidencias oscuras. En ellas la poesía es neta y esbelta, arma que da siempre en el blanco. El tiempo cesa de manar y se recoge en sí mismo, grano de electricidad. La comunión con lo real — fin último de toda poesía — se logra a través de la breve descarga de toda esa energía acumulada. Una frase basta para provocar la erupción. El poema no es sino «un minuto enardecido hasta la incandescencia». Su luz no se derrama: ha encontrado su forma.

La poesía de José Gorostiza pertenece a la segunda estirpe. Su obra, reducida hasta lo exiguo, es más silencio que voz. Sus únicos libros son *Canciones para cantar en las barcas* (1925) y *Muerte sin fin* (1939). En los catorce años que separan a estos dos libros, Gorostiza ha publicado «Cuatro sonetos», «Preludio» y alguna otra composición. Más tarde, en 1948, «Nocturno en Bogotá». Las largas pausas que separan a cada uno de esos poemas no impiden su continuidad. Su obra es, con la de Jorge Guillén, la más inflexible y concentrada de la moderna poesía en español. Como en el caso del gran poeta castellano, es imposible hablar de «evolución»: todos sus poemas parecen escritos en un mismo tiempo. O, mejor, fuera del tiempo, en un tiempo que ya no transcurre, que sólo es. Pero aquí terminan las semejanzas entre Guillén y Gorostiza: mientras el primero es el poeta del ser en plenitud de ser — alta marea, dichoso acuerdo del mundo consigo mismo —, Gorostiza ve en el ser, compacto y apretado como un fruto de cristal, esa hendidura vertiginosa por donde se fuga y desangra.

La unidad de *Muerte sin fin* ha sido conseguida a través de muchos sacrificios y abstenciones, pero también gracias a la lucidez de un instinto poético que siempre ha sabido escoger el momento irrepetible de la auténtica inspiración. Gorostiza no es un orfebre, un trabajador del verso, sino un poeta que sabe callar y que sólo se expresa cuando, dentro de sí, el poema ha madurado y está próximo a estallar. Nada más lejos de la degradante concepción del poeta como «corrector de pruebas» de la inspiración que la actitud de Gorostiza ante el poema: *Muerte sin fin* es el fruto de catorce años de silencio y unas cuantas noches de fiebre. Gorostiza no es un poeta insensible a la fascinación de los poderes frenéticos; por el contrario, la premeditada utilización de esas fuerzas — instaladas en el centro mismo de su creación — otorga fatalidad a su poesía e impide confundirla con un inteligente ejercicio de retórica poética. Y en esto reside la ambigüedad de su obra. La ambigüedad — gozne sobre el que giran las puertas de todo poema — se expresa en esta poesía como claridad. A fuerza de transparencia la imagen tiende a hacer invisible la discordia interior. El carácter excepcional de su experiencia reside en que las fuerzas irracionales se vierten en formas cristalinas y abstractas. Bañada en su propia luz, la poesía de Gorostiza se aísla y se niega. La «dificultad» de *Muerte sin fin* reside en su claridad. Es cierto que esta circunstancia ha impedido su entera comprensión; también lo es que sin ella el poema no existiría.

En los primeros poemas de Gorostiza — *Canciones para cantar en las barcas,* «Sonetos», «Preludio» — lo fugitivo e irrepetible constituye el tema del canto: el agua, el tiempo, la palabra misma. En lugar de consumirse en su propio fluir esos elementos aspiran a escapar de la destrucción realizándose en una forma: canción, soneto. Así, se precipitan hacia su propia congelación: el agua se vuelve cristal y la palabra, poema. En cierto sentido todo poema es una tumba. En Gorostiza la tumba es transparente:

> Los peces de colores juegan
> donde cantaba Jenny Lind.

Los gorgoritos de la cantante muerta se han convertido en unos coloridos peces de acuario. La sensación auditiva se congela y transforma en una inquietante imagen visual. Nada es menos ingenuo que las canciones juveniles de Gorostiza, consideradas por una crítica ingenua como respuesta instintiva de su sensibilidad al reto del mundo. Instintiva o no — y yo creo sobre todo en el instinto del poeta, un instinto que ya contiene en sí a la experiencia —, la poesía juvenil de Gorostiza no es menos compleja que la de su madurez. La ambigüedad de sus primeros poemas no es distinta a la de *Muerte sin fin*: se trata de la misma turbadora transparencia. Ella nos permite atisbar lo que hay del otro lado del espejo: la muerte, que se está mirando en nosotros. En toda la obra de Gorostiza el elemento fluido — agua, sueño, palabra, tiempo: vida, en suma — es víctima de la fascinación de la forma. Una forma que es su propia imagen. Todo regresa hacia sí mismo, hacia ese instante de congelación en el que, para morir más cabalmente, nos fundimos con nuestra imagen. Porque la inmovilidad transparente de la forma es la muerte misma.

La crítica ha asociado el nombre de Gorostiza a los de

Jorge Guillén y Valéry. Sí, pero también sería posible hablar del William Blake de *Canciones de inocencia y de experiencia,* en el que cada poema posee dos o más significados. Aunque acaso dos nombres griegos ilustren mejor los extremos que presiden esta obra transparente y vertiginosa: Heráclito y Parménides. Entre los polos que encarnan esos presocráticos se mueve la poesía de Gorostiza. *Muerte sin fin* señala uno de los momentos más tensos del diálogo entre substancia y forma. La substancia se adelgaza hasta hacerse vidrio impalpable, forma tan cristalina que ya no refleja sino su propio reflejarse. Entonces cae, devorada por su claridad, como la luz que regresa a la luz.

En las primeras estrofas del poema el poeta «se descubre en el agua», esto es, en la substancia derramada, informe por naturaleza y que no es sino tiempo: mero transcurrir. Pero ese ser disperso — agua, tiempo — madura en una forma: la del vaso, la de la conciencia. La coincidencia entre forma y substancia se da como una maduración del tiempo. La conciencia, que es el fruto de estas bodas, se identifica con Dios. Es «el tiempo de Dios». Sólo que la divinidad no es más que «una máscara grandiosa que no difiere un rasgo de nosotros». Se trata, pues, de las nupcias ilusorias de la conciencia consigo misma. Dios-vaso, Dios-conciencia, Dios-máscara, condenado a amarse en nosotros, a mirarse morir en nosotros. Como el prestidigitador que extrae «largas cintas de cintas de sorpresas», Dios se deslumbra con vidas, amores, llagas, actos: muertes. Nunca descansa («el ritmo es su norma») y así, «irresponsable, eterno», se repite sin cesar y sin cesar se despeña en su muerte. Dios está enamorado de sí mismo pero no ve ni sabe de sí nada que nosotros no le mostremos: nuestra muerte, su muerte. Dios es conciencia pero esa conciencia se la damos nosotros. Y nosotros sólo somos conciencia de morir. Dios, inteligencia pura, en nosotros se ve morir infinitamente y sin descanso.

En la primera parte del poema asistimos a la creación y a la muerte de Dios. Un Dios que no nos crea, que sólo nos refleja, porque nada es — excepto conciencia de sí. Impasible se contempla y abisma en su contemplación. Al contemplarnos, nos descubre — es decir, descubre a la muerte, y se descubre: el vaso transparente que es Dios de pronto se deshiela y empieza a morir. En la segunda parte de *Muerte sin fin* se repite la misma operación alucinante, sólo que ahora no es Dios, sino la criatura, quien se contempla y cae. A la criatura no le basta cantar a su vaso, a su Dios. Sabe que ella es Dios, que ella es conciencia. Ella también es Narciso y quiere verse, quiere un ojo «para mirar al ojo que la mira». El agua «siente cuajar la máscara de espejos que el dibujo del vaso le procura», exactamente como el vaso experimenta, en la primera parte, «la muerte sin fin de su obstinada muerte». El agua se hace ojo, vaso, forma. Bodas estériles. Apenas puesta en pie, erigida en forma, el agua se despeña. Pues «la forma en sí misma no se cumple»; vacía, se vuelve reflejo de su reflejo. Para cumplirse, la forma debe volver a ser agua, tránsito, muerte. El vaso — y con él «la forma que lo sostiene» — cede a la condición del agua. El «tiempo de Dios», el momento de coincidencia entre forma y substancia, es también el momento del quebranto: la plena conciencia es la visión de la muerte. Y es que no hay forma y substancia, sujeto y objeto. No hay tales bodas alquímicas. No hay diálogo. El que duerme a nuestro lado es una sombra, un espectro: nuestra imagen. La forma, al contacto del agua, adquiere conciencia de sí, se reconoce en la materia informe y se despeña en ella. Y con la forma pura todas las formas particulares, todos los seres. Es el instante del regreso:

Las estrellas entonces ennegrecen.
Han vuelto el dardo insomne
a la noche perfecta de su aljaba.

El poema de Gorostiza es un himno fúnebre. Canta la muerte de Dios, que regresa a lo oscuro. Canta también la muerte de la conciencia universal. Y la de cada uno de nosotros — «islas de monólogos sin eco». Muerte circular y eterna, porque es una muerte que no cesa de morir. El ser es un insaciable y jamás satisfecho apetito de morir.

Esta sumaria descripción del tema central de *Muerte sin fin* revela que el poema de Gorostiza no es sino una de las versiones modernas de la caída. La caída en sí misma de la conciencia y su Dios. Pero este tema no es el único de *Muerte sin fin*. Los significados de un poema — cuando se trata de un verdadero poema — son múltiples y, acaso, infinitos. De manera semejante a lo que, según Freud, ocurre con los sueños, en cada poema hay diversas capas de signos y sentidos, castillos de alusiones, *forest of mirrors*. Reducir el poema al discurso de espejos de la conciencia enamorada de sí misma no tiene otra utilidad que hacer más visible la ambivalencia de sus significados. El apetito vital y la conciencia que, al reflejarlo, lo paraliza, no son sino una de las parejas antagónicas que habitan *Muerte sin fin*. En estratos menos hondos otros diálogos prolongan la tensión.

Muerte sin fin es el poema de lo temporal, como su nombre mismo lo proclama, pero su lenguaje es resplandeciente, escultórico y abstracto. Es el poema de la palabra al mismo tiempo que de su destrucción. Himno, es también discurso; canto, es demostración; sátira, es elegía. Canta la muerte de la forma en versos de tal belleza formal que la glorifican. Es un poema filosófico que implica la muerte de la filosofía. Poesía intelectual — en el más alto de los sentidos —, proclama el triunfo de lo irracional; vitalista, el de la muerte. Las frases finales del poema muestran que la actitud del poeta no es muy diversa a la que adoptan los mexicanos en ciertos instantes de exaltación o depresión: «¡Vámonos a la ch...!» Pero el lenguaje — inclusive cuando acude a la canción — jamás es popular. Así, *Muerte sin fin* marca el apogeo de cierto estilo de «poesía pura» y, simultáneamente, es una burla de ese mismo estilo. (Y de otros muchos, contemporáneos. Es revelador que la crítica no haya reparado en los pasajes donde la perfección nos guiña el ojo y se vuelve mistificación: «el cordero Luis XV», la escena conyugal entre el vaso y el agua, etcétera.) En otros momentos la imagen, al reflejarse, hace signos grotescos y obscenos: la «flauta don Juan» da una «cachonda serenata» a la «Forma que, constelada de epítetos esdrújulos, rige con hosca mano de diamante...». El poema se mueve siemp en varios planos y no se canta a sí mismo sino para negarse en el mismo instante. Poesía y crítica de la poesía a un tiempo. Podría mencionar otros ejemplos de ambivalencia. Baste uno, quizá el más notable: *Muerte sin fin*, poema de la conciencia, poema de la forma, es un largo delirio razonado. La razón «sueña que su sueño se repite». A fuerza de ardientes o helados silogismos, crea el clima irreal del sueño, donde todo es posible y la muerte y la vida, la afirmación y la negación, se confunden: pesadilla lúcida e inacabable, «sueño de garza anochecido a plomo, que cambia de pie mas no de sueño», embriaguez helada y sonámbula.

El duelo mortal entre tantos gemelos adversarios — agua y vaso, sueño y razón, palabra y silencio, tiempo y forma — no se expresa como discordia dramática o como dilema de pensador, sino como ambigüedad poética. De allí que ninguno de los contrarios resulte vencedor y que la muerte se destruya a sí misma, ya que es una muerte sin fin. Gracias a la imagen cada pareja enemiga coexiste, se entredevora y se recrea. La imagen resuelve en un juego de transparencias la querella, sin aniquilar a los antagonistas. Nuevamente la poesía — y precisamente aquella que pensábamos más insensible a la «razón de la sinrazón» — se revela como una operación capaz de aprehender, en un solo acto, los contrarios irreductibles de que está hecha la realidad. Y es que esos contrarios son irreductibles sólo para la conciencia que abstrae. La dialéctica del poema no es diversa a la de la realidad; simplemente recrea en otro plano la lucha de esas fuerzas que se aniquilan para renacer. (Los nombres de Heráclito y Parménides — sugeridos al iniciarse esta nota — vuelven fatalmente.) Ahora bien, el acto mediante el cual el poeta se apodera de los contrarios y los trasmuta se llama imagen. *Muerte sin fin* es una *imagen*. Lo que la distingue de otras es ser imagen transparente, condenada a contemplarse sin jamás anegarse. *Muerte sin fin* es una máscara, mas es una máscara que se confunde con el rostro que oculta: al arrancarla, la desollamos. Es la forma y la conciencia de la forma. En esto radica la grandeza, la originalidad y, asimismo, las limitaciones del poema.

Si se compara esta obra con creaciones de poetas contemporáneos — Vallejo, Borges, Neruda — se observará que todos ellos, como Gorostiza, son poetas del tiempo, poetas para quienes el hecho más importante de su vida es que «el tiempo pasa» — y nosotros con él. Pero los otros han creado sus poemas con palabras temporales, concretas, hechas de tiempo, fundidas al tiempo. El poema de Gorostiza, por el contrario, es un túmulo, una delgada columna transparente, que refleja la temporalidad sin fundirse a ella. Entre la temporalidad y el poema se interpone la conciencia del poeta. *Muerte sin fin* cierra un ciclo de poesía: es el monumento que la forma ha erigido a su propia muerte. Después de *Muerte sin fin* la experiencia del poema — en el sentido de Gorostiza — es imposible e impensable. Otras experiencias, otras muertes, nos esperan. *Muerte sin fin* es el reloj de cristal de roca de la poesía hispanoamericana: aislado y esbelto, canta el tiempo sin fin.

París, 20 de junio de 1951

SEGUNDA PARTE

OTROS TEMAS

POESÍA DE SOLEDAD
Y POESÍA DE COMUNIÓN *

La realidad — todo lo que somos, todo lo que nos envuelve, nos sostiene y, simultáneamente, nos devora y alimenta— es más rica y cambiante, más viva, que los sistemas que pretenden contenerla. A cambio de reducir la rica y casi ofensiva espontaneidad de la naturaleza a la rigidez de nuestras ideas, la mutilamos de una parte de sí, la más fascinante: su naturalidad. El hombre, al enfrentarse con la realidad, la sojuzga, la mutila y la somete a un orden que no es el de la naturaleza — si es que ésta posee, acaso, algo equivalente a lo que llamamos orden — sino el del pensamiento. Y así, no es la realidad lo que realmente conocemos, sino esa parte de la realidad que podemos reducir a lenguaje y conceptos. Lo que llamamos conocimiento es el saber que tenemos sobre cualquier cosa para dominarla y sujetarla.

No quiero decir, naturalmente, que la técnica sea el conocimiento. Pero aun cuando sea imposible extraer de todo conocimiento una técnica — o sea: un procedimiento para transformar la realidad — todos los conocimientos son la expresión de una sed de apoderarnos, en nuestros propios términos y para nuestros propios fines, de esa intocable realidad. No es exagerado llamar a esta actitud humana una actitud de dominación. Como un guerrero, el hombre lucha

* Este texto fue leído en un ciclo de conferencias organizado por la Editorial Séneca para conmemorar el cuarto centenario del nacimiento de San Juan de la Cruz.

y somete a la naturaleza y a la realidad. Su instinto de poder no sólo se expresa en la guerra, en la política, en la técnica; también en la ciencia y en la filosofía, en todo lo que se ha dado en llamar, hipócritamente, conocimiento desinteresado.

No es ésta la única actitud que el hombre puede asumir frente a la realidad del mundo y de su propia conciencia. Su contemplación puede no poseer ninguna consecuencia práctica y de ella es posible que no se pueda derivar ningún conocimiento, ningún dictamen, ninguna salvación o condenación. Esta contemplación inútil, superflua, inservible, no se dirige al saber, a la posesión de lo que se contempla, sino que sólo intenta abismarse en su objeto. El hombre que así contempla no se propone saber nada; sólo quiere un olvido de sí, postrarse ante lo que ve, fundirse, si es posible, en lo que ama. El asombro ante la realidad lo lleva a divinizarla; la fascinación y el horror lo mueven a unirse con su objeto. Quizá la raíz de esta actitud de adoración sea el amor, que es un instinto de posesión del objeto, un querer, pero también un anhelo de fusión, de olvido, y disolución del ser en «lo otro». En el amor no sólo interviene el instinto que nos impulsa a sobrevivir o a reproducirnos: el instinto de la muerte, verdadero instinto de perdición, fuerza de gravedad del alma, también es parte de su contradictoria naturaleza. En él alientan el arrobo silencioso, el vértigo, la seducción del abismo, el deseo de caer infinitamente y sin reposo, cada vez más hondo, y la nostalgia de nuestro origen, oscuro movimiento del hombre hacia su raíz, hacia su propio nacimiento. Porque en el amor la pareja intenta participar otra vez de ese estado en el que la muerte y la vida, la necesidad y la satisfacción, el sueño y el acto, la palabra y la imagen, el tiempo y el espacio, el fruto y el labio, se confunden en una sola realidad. Los amantes descienden hacia estados cada vez más antiguos y desnudos; rescatan al animal humillado y al vegetal soñoliento que viven en cada uno de nosotros; y tienen el presentimiento de la pura energía que mueve el universo y de la inercia en que se transforma el vértigo de esa energía.

A estas dos actitudes pueden reducirse, con todos los peligros de tan excesiva simplificación, las innumerables y variadas posturas del hombre frente a la realidad. Las dos se dan con cierta pureza en la magia y la religión de las sociedades arcaicas (aunque, en rigor, ambas sean inseparables, pues en toda actividad mágica hay elementos religiosos y a la inversa). Si el sacerdote se postra ante el dios, el mago se alza frente a la realidad y, convocando a los poderes ocultos, hechizando a la naturaleza, obliga a las fuerzas rebeldes a la obediencia. Uno suplica y ama; otro, adula o coacciona. Ahora bien, la operación poética ¿es una actividad mágica o religiosa? Ni lo uno ni lo otro. La poesía es irreductible a cualquier otra experiencia. Pero el espíritu que la expresa, los medios de que se vale, su origen y su fin, muy bien pueden ser mágicos o religiosos. La actitud ante lo sagrado cristaliza en el ruego, en la oración, y su más intensa y profunda manifestación es el éxtasis místico: el entregarse a lo absoluto y confundirse con Dios. La religión — en este sentido — es diálogo, relación amorosa con el Creador. También el poeta lírico entabla un diálogo con el mundo; en ese diálogo hay dos situaciones extremas: una, de soledad; otra, de comunión. El poeta siempre intenta comulgar, unirse (*reunirse,* mejor dicho), con su objeto: su propia alma, la amada, Dios, la naturaleza... La poesía mueve al poeta hacia lo desconocido. Y la poesía lírica, que principia como un íntimo deslumbramiento, termina en la comunión o en la blasfemia. No importa que el poeta se sirva de la magia de las palabras, del hechizo del lenguaje, para solicitar a su objeto: nunca pretende utilizarlo, como el mago, sino fundirse a él, como el místico.

En la fiesta o representación religiosa el hombre intenta cambiar de naturaleza, despojarse de la suya y participar de la divina. La misa no sólo es una actualización o representación de la Pasión de Jesucristo; es también una liturgia, un misterio en donde el diálogo entre el hombre y su Creador culmina en la comunión. Si mediante el bautismo los hijos de Adán adquieren esa libertad que les permite dar el salto mortal entre el estado natural y el estado de gracia, por la comunión los cristianos pueden, en las tinieblas de un misterio inefable, comer la carne y beber la sangre de su Dios. Esto es, alimentarse con una substancia divina, con la sustancia divina. El festín sagrado diviniza, lo mismo al azteca que al cristiano. No es diverso este apetito al del enamorado y al del poeta. Novalis ha dicho: «El deseo sexual no es quizá sino un deseo disfrazado de carne humana.» El pensamiento del poeta alemán, que ve en «la mujer el alimento corporal más elevado», nos ilumina acerca del carácter de la poesía y del amor: se trata, por medio del canibalismo ritual, de readquirir nuestra naturaleza paradisíaca.

No es extraño que la poesía haya provocado el recelo, cuando no el escándalo, de algunos espíritus que veían latir en ella, en una actividad profana, el mismo apetito y la misma sed que mueven al hombre religioso. Frente a la religión, que sólo existe si se socializa en una iglesia, en una comunidad de fieles, la poesía se manifiesta sólo si se individualiza, si encarna en un poeta. Su relación con lo absoluto es privada y personal. Religión y poesía tienden a la comunión; las dos parten de la soledad e intentan, mediante el alimento sagrado, romper la soledad y devolver al hombre su inocencia. Pero en tanto que la religión es profundamente conservadora, puesto que torna sagrado el lazo social al convertir en iglesia a la sociedad, la poesía rompe el lazo al consagrar una relación individual, al margen, cuando no en contra, de la sociedad. La poesía siempre es disidente. No necesita de la teología ni de la clerecía. No quiere salvar al hombre, ni construir la ciudad de Dios: pretende darnos el testimonio terrenal de una experiencia. Respuesta a las mismas preguntas y necesidades que la religión satisface, la poesía se nos aparece como una forma secreta, ilegal, irregular, de la religión: como una heterodoxia, no porque no admita los dogmas, sino porque se manifiesta de un modo privado y muchas veces anárquico. En otras palabras: la religión es siempre social — excepto cuando se transforma en mística —, mientras que la poesía, al menos en nuestra época, es individual.

¿Qué clase de testimonio es el de la palabra poética, extraño testimonio de la unidad del hombre y el mundo, de su original y perdida identidad? Ante todo, el de la inocencia innata del hombre, como la religión es el de su perdida inocencia. Si una afirma el pecado, la otra lo niega. El poeta revela la inocencia del hombre. Pero su testimonio sólo vale si llega a transformar su experiencia en expresión, esto es, en palabras. Y no en cualquier clase de palabras, ni en cualquier orden, sino en un orden que no es el del pensamiento, ni el de la conversación, ni el de la oración. Un orden que crea sus propias leyes y su propia realidad: el poema. Por eso ha podido decir un crítico francés que «en tanto que el poeta tiende a la palabra, el místico tiende al silencio». Esa diversidad de direcciones distingue, al fin, la experiencia mística de la expresión poética. La mística es una inmersión en lo absoluto; la poesía es una expresión de lo absoluto o de la desgarrada tentativa para llegar a él. ¿Qué pretende el poeta cuando expresa su experiencia? La poesía, ha dicho Rimbaud, quiere cambiar la vida. No intenta embellecerla, como piensan los estetas y los literatos, ni hacerla más justa o buena, como sueñan los moralistas. Mediante la palabra, mediante la expresión de su experiencia, procura hacer sagrado el mundo; con la palabra consagra la experiencia de los hombres y las relaciones entre el hombre y el mundo, entre el hombre y la mujer, entre el hombre y su propia conciencia. No pretende hermosear, santificar o idealizar lo que toca, sino volverlo sagrado. Por

99

eso no es moral o inmoral; justa o injusta; falsa o verdadera; hermosa o fea. Es, simplemente, poesía de soledad o de comunión. Porque la poesía, que es un testimonio del éxtasis, del amor dichoso, también lo es de la desesperación. Y tanto como un ruego puede ser una blasfemia.

La sociedad moderna no puede perdonar a la poesía su naturaleza: le parece sacrílega. Y aunque ésta se disfrace, acepte comulgar en el mismo altar común y luego justifique con toda clase de razones su embriaguez, la conciencia social la reprobará siempre como un extravío y una locura peligrosa. El poeta tiende a participar en lo absoluto, como el místico; y tiende a expresarlo, como la liturgia y la fiesta religiosa. Esta pretensión lo convierte en un ser peligroso, pues su actividad no beneficia a la sociedad; verdadero parásito, en lugar de atraer para ella las fuerzas desconocidas que la religión organiza y reparte, las dispersa en una empresa estéril y antisocial. En la comunión el poeta descubre la fuerza secreta del mundo, esa fuerza que la religión intenta canalizar y utilizar, a través de la burocracia eclesiástica. Y el poeta no sólo la descubre y se hunde en ella: la muestra en toda su aterradora y violenta desnudez al resto de los hombres, latiendo en su palabra, viva en ese extraño mecanismo de encantamiento que es el poema. ¿Habrá que agregar que esa fuerza, alternativamente sagrada o maldita, es la del éxtasis, la del vértigo, que brota como una fascinación en la cima del contacto carnal o espiritual? En lo alto de ese contacto y en la profundidad de ese vértigo el hombre y la mujer tocan lo absoluto, el reino en donde los contrarios se reconcilian y la vida y la muerte pactan en unos labios que se funden. El cuerpo y el alma, en ese instante, son lo mismo y la piel es como una nueva conciencia, conciencia de lo infinito, vertida hacia lo infinito... El tacto y todos los sentidos dejan de servir al placer o al conocimiento; cesan de ser personales; se extienden, por decirlo así, y lejos de constituir las antenas, los instrumentos de la conciencia, la disuelven en lo absoluto, la reintegran a la energía original. Fuerza, apetito que quiere ser hasta el límite y más allá del límite del ser, hambre de eternidad y de espacio, sed que no retrocede ante la caída, antes bien busca palpar en su exceso vital, en su desgarramiento de sí, ese despeñarse sin fin que le revela la inmovilidad y la muerte, el reino negro del olvido, hambre de vida, sí, pero también de muerte.

La poesía es la revelación de la inocencia que alienta en cada hombre y en cada mujer y que todos podemos recobrar apenas el amor ilumina nuestros ojos y nos devuelve el asombro y la fertilidad. Su testimonio es la revelación de una experiencia en la que participan todos los hombres, oculta por la rutina y la diaria amargura. Los poetas han sido los primeros que han revelado que la eternidad y lo absoluto no están más allá de nuestros sentidos sino en ellos mismos. Esta eternidad y esta reconciliación con el mundo se producen en el tiempo y dentro del tiempo, en nuestra vida mortal, porque el amor y la poesía no nos ofrecen la inmortalidad ni la salvación. Nietzsche decía: «No la vida eterna, sino la eterna vivacidad: eso es lo que importa.» Una sociedad como la nuestra, que cuenta entre sus víctimas a sus mejores poetas; una sociedad que sólo quiere conservarse y durar; una sociedad, en fin, para la que la conservación y el ahorro son las únicas leyes y que prefiere renunciar a la vida antes que exponerse al cambio, tiene que condenar a la poesía, ese despilfarro vital, cuando no puede domesticarla con toda clase de hipócritas alabanzas. Y la condena, no en nombre de la vida, que es aventura y cambio, sino en nombre de la máscara de la vida: en nombre del instinto de conservación.

En ciertas épocas la poesía ha podido convivir con la sociedad y su impulso ha alimentado las mejores empresas de ésta. Poesía, religión y sociedad forman una unidad viviente y creadora en los tiempos primitivos. El poeta era

101

mago y sacerdote; y su palabra era divina. Esa unidad se rompió hace milenios — precisamente en el momento en que la división del trabajo creó una clerecía y nacieron las primeras teocracias — pero la escisión entre poesía y sociedad nunca fue total. El gran divorcio comienza en el siglo XVIII y coincide con el derrumbe de las creencias que fueron el sustento de nuestra civilización. Nada ha sustituido al cristianismo y desde hace dos siglos vivimos en una suerte de interregno espiritual. En nuestra época la poesía no puede vivir dentro de lo que la sociedad capitalista llama sus ideales: las vidas de Shelley, Rimbaud, Baudelaire o Bécquer son pruebas que ahorran todo razonamiento. Si hasta fines del siglo pasado Mallarmé pudo crear su poesía fuera de la sociedad, ahora toda actividad poética, si lo es de verdad, tendrá que ir en contra de ella. No es extraño que para ciertas almas sensibles la única vocación posible sean la soledad o el suicidio; tampoco es extraño que para otras, hermosas y apasionadas, las únicas actividades poéticas imaginables sean la dinamita, el asesinato político o el crimen gratuito. En ciertos casos, por lo menos, hay que tener el valor de decir que se simpatiza con esas explosiones, testimonio de la desesperación a que nos conduce un sistema social basado sólo en la conservación de todo y especialmente de las ganancias económicas.

La misma fuerza vital, lúcida en medio de su tiniebla, mueve al poeta de ayer y al de hoy. Sólo que ayer era posible la comunión, gracias quizás a esa misma Iglesia que ahora la impide. Y habrá que decirlo: para que la experiencia se realice otra vez, será menester un hombre nuevo y una sociedad en la que la inspiración y la razón, las fuerzas irracionales y las racionales, el amor y la moral, lo colectivo y lo individual, se reconcilien. Esta reconciliación se da plenamente en San Juan de la Cruz. En el seno de esa sociedad en la que, acaso por última vez en la historia, la llama de la religiosidad personal pudo alimentarse de la religión de la sociedad, San Juan realiza la más intensa y plena de las experiencias: la de la comunión. Un poco más tarde esa comunión será imposible.

Las dos notas extremas de la poesía lírica, la de la comunión y la de la soledad, las podemos contemplar con toda su verdad en la historia de nuestra poesía. Nuestra lengua posee dos textos igualmente impresionantes: los poemas de San Juan y un poema de Quevedo, «Lágrimas de un penitente», poco estudiado hasta ahora por la crítica. Los de San Juan de la Cruz relatan la experiencia mística más profunda de nuestra cultura; no parece necesario extenderse sobre su significación porque son de tal modo perfectos que impiden toda tentativa de análisis poético. Naturalmente que no me refiero a la imposibilidad del análisis psicológico, filosófico o estilístico, sino a la absurda pretensión que intenta explicar la poesía; la poesía, cuando alcanza la plenitud del «Cántico espiritual», se explica por sí misma. No sucede lo mismo con los poemas de Quevedo. En las silvas y sonetos que forman las «Lágrimas de un penitente», Quevedo expresa la certidumbre de que el poeta ya no es uno con sus creaciones: está mortalmente dividido. Entre la poesía y el poeta, entre Dios y el hombre, se opone algo muy sutil y muy poderoso: la conciencia, y lo que es más significativo: la conciencia de la conciencia, la conciencia de sí. Quevedo expresa este estado demoníaco en dos versos:

Las aguas del abismo
donde me enamoraba de mí mismo.

Al principio del poema el poeta, pecador lúcido, se niega a ser salvado, se rehúsa a la gracia, prendido a la hermosura del mundo. Frente a Dios se siente solo y rechaza la redención, hundido en las apariencias:

Nada me desengaña,
el mundo me ha hechizado.

103

Mas el pecador se da cuenta de que el mundo que lo encanta y al que se siente prendido con tal amor... no existe. La nada del mundo se le revela como algo real, de suerte que se siente enamorado de la nada. No es, sin embargo, la hermosura vacía e inexistente del mundo la que le impide ir más allá de sí y comulgar, sino su conciencia de sí. Este rasgo da un carácter excepcional al poema de Quevedo en el paisaje poético del siglo XVII; hay otros poetas más inspirados, más perfectos y puros, pero en ninguno alienta esta lucidez ante su propio desgarramiento. Lucidez que no hay más remedio que llamar «baudeleriana». En efecto, Quevedo afirma que la conciencia de sí es un saberse en el mal y en la nada, una gozosa conciencia del mal. Así, atribuye un contenido pecaminoso a la conciencia, no tanto por lo que peca en sus imaginaciones sino porque pretende sustentarse en sí misma, bastarse sola y sola saciar su sed de absoluto. Mientras San Juan ruega y suplica al amado, Quevedo es solicitado por su Dios; pero prefiere perderse y perderlo, antes que ofrecerle el único sacrificio que acepta: el de su conciencia. Al final del poema surge la necesidad de la expiación, que consiste en la humillación del yo: sólo a este precio es posible la reconciliación con Dios. La historia de esta reconciliación da la impresión de ser un artificio retórico y teológico, ya porque la comunión no se haya producido realmente, ya porque el poeta no haya podido expresarla con la intensidad con que ha relatado su encantamiento y el goce fúnebre que le proporciona saberse en la nada del pecado, en la nada de sí mismo. En realidad, la respuesta de Quevedo es intelectual y estoica: se abraza a la muerte, no para recobrar la vida sino como resignación.

Entre estos dos polos de inocencia y conciencia, de soledad y comunión, se mueve toda poesía. Los hombres modernos, incapaces de inocencia, nacidos en una sociedad que nos hace naturalmente artificiales y que nos ha despojado de nuestra substancia humana para convertirnos en mercancías, buscamos en vano al hombre perdido, al hombre inocente. Todas las tentativas valiosas de nuestra cultura, desde fines del siglo XVIII, se dirigen a recobrarlo, a soñarlo. Incapaces de articular en un poema esta dualidad de conciencia e inocencia (puesto que corresponde a antagonismos irreductibles de la historia), la sustituimos por un rigor externo, puramente verbal, o por el balbuceo del inconsciente. La sola participación del inconsciente en un poema lo convierte en un documento psicológico; la sola presencia del pensamiento, con frecuencia vacío o especulativo, lo deshabita. Ni discursos académicos ni vómitos sentimentales. ¿Y qué decir de los discursos políticos, de las arengas, de los editoriales de periódico, que se enmascaran con el rostro de la poesía?

Y sin embargo, la poesía sigue siendo una fuerza capaz de revelar al hombre sus sueños y de invitarlo a vivirlos en pleno día. El poeta expresa el sueño del hombre y del mundo y nos dice que somos algo más que una máquina o un instrumento, un poco más que esa sangre que se derrama para enriquecer a los poderosos o sostener a la injusticia en el poder, algo más que mercancía y trabajo. En la noche soñamos y nuestro destino se manifiesta, porque soñamos lo que podríamos ser. Somos ese sueño y sólo nacimos para realizarlo. Y el mundo — todos los hombres que ahora sufren o gozan — también sueña y anhela vivir a plena luz su sueño. La poesía, al expresar estos sueños, nos invita a la rebelión, a vivir despiertos nuestros sueños: a ser no ya los soñadores sino el sueño mismo.

Para revelar el sueño de los hombres es preciso no renunciar a la conciencia. No un abandono, sino una mayor exigencia consigo mismo, se le pide al poeta. Queremos una forma superior de la sinceridad: la autenticidad. En el siglo pasado un grupo de poetas, que representan la parte hermética del romanticismo — Novalis, Nerval, Baudelaire, Lautréamont — nos muestran el camino. Todos ellos son los desterrados de la poesía, los que padecen la nostalgia de un estado perdido, en el que el hombre es uno con el mundo y con sus creaciones. Y a veces de esa nostalgia surge el presentimiento de un estado futuro, de una edad inocente. Poetas originales no tanto —como dice Chesterton— por su novedad sino porque descienden a los orígenes. Ellos no buscaron la novedad, esa sirena que se disfraza de originalidad; en la autenticidad rigurosa encontraron verdadera originalidad. En su empresa no renunciaron a tener conciencia de su delirio, osadía que les ha traído un castigo que no vacilo en llamar envidioso: en todos ellos se ha cebado la desdicha, ya en la locura, ya en la muerte temprana o en la fuga de la civilización. Son los poetas malditos, sí, pero son algo más también: son los héroes vivientes y míticos de nuestro tiempo, porque encarnan — en sus vidas misteriosas y sórdidas y en su obra precisa e insondable — toda la claridad de la conciencia y toda la desesperación del apetito. La seducción que sobre nosotros ejercen estos maestros, nuestros únicos maestros posibles, se debe a la veracidad con que encarnaron ese propósito que intenta unir dos tendencias paralelas del espíritu humano: la conciencia y la inocencia, la experiencia y la expresión, el acto y la palabra que lo revela. O para decirlo con las palabras de uno de ellos: *El matrimonio del Cielo y del Infierno.*

México, 1942

TRES MOMENTOS DE LA LITERATURA
JAPONESA

Es un lugar común decir que la primera impresión que produce cualquier contacto — aùn el más distraído y casual — con la cultura del Japón es la extrañeza. Sólo que, contra lo que se piensa generalmente, este sentimiento no proviene tanto del sentirnos frente a un mundo distinto como del darnos cuenta de que estamos ante un universo autosuficiente y cerrado sobre sí mismo. Organismo al que nada le falta, como esas plantas del desierto que secretan sus propios alimentos, el Japón vive de su propia substancia. Pocos pueblos han creado un estilo de vida tan inconfundible. Y sin embargo, muchas de las instituciones japonesas son de origen extranjero. La moral y la filosofía política de Confucio, la mística de Chuang-Tseu, la etiqueta y la caligrafía, la poesía de Po-Chu-i y el *Libro de la piedad filial,* la arquitectura, la escultura y la pintura de los Tang y los Sung modelaron durante siglos a los japoneses. Gracias a esta influencia china, Japón conoció también las especulaciones de Nagarjuna y otros grandes metafísicos del budismo Mahayana y las técnicas de meditación de los hindúes.

La importancia y el número de elementos chinos — o previamente pasados por el cedazo de China — no impiden sino subrayan el carácter único y singular de la cultura japonesa. Varias razones explican esta aparente anomalía. En primer término, la absorción fue muy lenta: se inicia en los primeros siglos de la era cristiana y no termina sino hasta entrada la época moderna. En segundo lugar, no se trata de una influencia sufrida sino libremente elegida. Los chinos no llevaron su cultura al Japón; tampoco, excepto durante las abortadas invasiones mongólicas, quisieron imponerla por la fuerza: los mismos japoneses enviaron embajadores y estudiantes, monjes y mercaderes a Corea y a China para que estudiasen y comprasen libros y obras de arte o para que contratasen artesanos, maestros y filósofos. Así, la influencia exterior jamás puso en peligro el estilo de vida nacional. Y cada vez que se presentó un conflicto entre lo propio y lo ajeno se encontró una solución feliz como en el caso del budismo, que pudo convivir con el culto nativo. La admiración que siempre profesaron los japoneses a la cultura china, no los llevó a la imitación suicida ni a desnaturalizar sus propias inclinaciones. La única excepción fue, y sigue siendo, la escritura. Nada más ajeno a la índole de la lengua japonesa que el sistema ideográfico de los chinos; y aún en esto se encontró un método que combina la escritura fonética con la ideográfica y que, acaso, hace innecesaria esa reforma que predican muchos extranjeros con más apresuramiento que buen sentido.

La literatura es el ejemplo más alto de la naturalidad con que los elementos propios lograron triunfar de los modelos ajenos. La poesía, el teatro y la novela son creaciones realmente japonesas. A pesar de la influencia de los clásicos chinos, la poesía nunca perdió, ni en los momentos de mayor postración, esas características — brevedad, claridad del dibujo, mágica condensación — que la sitúan, precisamente, en el extremo contrario de la china. Puede decirse lo mismo del teatro y la novela. En cambio, la especulación filosófica, el pensamiento puro, el poema largo y la historia no parecen ser géneros propicios al genio japonés.

A principios del siglo v se introduce oficialmente la escritura sínica; un poco después, en 760, aparece la primera antología japonesa, el *Manyoshu* o *Colección de las diez mil hojas*. Se trata de una obra de rara perfección, de la que están ausentes los titubeos de una lengua que se busca.

La poesía japonesa se inicia con un fruto de madurez; para encontrar acentos más espontáneos y populares habrá que esperar hasta Basho. A fines del siglo VIII la Corte Imperial se traslada de Nara a Heian-Kio (la actual Kioto). Como la antigua capital, la nueva fue trazada conforme al modelo de la dinastía china entonces reinante. En la primera parte de este período se acentúa la influencia china pero desde principios del siglo X el arte y la literatura producen algunas de sus obras clásicas. Se trata de una época de excepcional brillo, sobre la que tenemos dos documentos extraordinarios: un diario y una novela. Ambos son obras de dos damas de la corte: las señoras Murasaki Shikubi y Sei-Shonagon.

Nada más alejado de nuestro mundo que el que rodeó a estas dos mujeres excepcionales. Dominada por una familia de hábiles políticos y administradores (los Fujiwara), aquella sociedad era un mundo cerrado. La corte constituía por sí misma un universo autónomo, en el que predominaban como supremos los valores estéticos y, sobre todo, los literarios. «Nunca entre gentes de exquisita cultura y despierta inteligencia tuvieron tan poca importancia los problemas puramente intelectuales.» [1] Y hay que agregar: los morales y religiosos. La vida era un espectáculo, una ceremonia, un ballet animado y gracioso. Cierto, la religión — mejor dicho: las funciones religiosas — ocupaban buena parte del tiempo de señoras y señores. Pero Sei-Shonagon nos revela con naturalidad cuál era el estado de espíritu con que se asistía a los servicios budistas: «El lector de las Escrituras debe ser guapo, aunque sea sólo para que su belleza, por el placer que experimentamos al verla, mantenga viva nuestra atención. De lo contrario, una empieza a distraerse y a pensar en otras cosas. Así, la fealdad del lector se convierte en ocasión de nuestro pecado.» En realidad, la verda-

[1] Arthur Waley, *The Pillow Book of Sei-Shonagon*, Londres, 1928.

dera religión era la poesía y, aun, la caligrafía. Los señores se enamoraban de las damas por la elegancia de su escritura tanto como por su ingenio para versificar. El buen tono lo presidía todo: amores y ceremonias, sentimientos y actos. Sería vano juzgar con severidad esta concepción estética de la vida. Los artistas modernos sienten cierta repulsión por el «buen gusto», pero esta repugnancia no se justifica del todo. Nuestro «buen gusto» es el de una sociedad de advenedizos que se han apropiado de valores y formas que no les corresponden. El de la sociedad heiana estaba hecho de gracia natural y de espontánea distinción.

La ligereza danzante con que esos personajes se mueven por la vida, como si hubiesen abolido las leyes de la gravedad, se debe entre otras cosas a que esas almas no conocían el peso de la moral. Las cosas para ellos no eran graves sino hermosas o feas. Mundo de dos dimensiones, sin profundidad, es cierto, pero también sin espesor; mundo transparente, nítido, como un dibujo rápido y precioso sobre una hoja inmaculada. En su diario, Sei-Shonagon divide a las cosas en placenteras y desagradables. Entre las primeras están, por ejemplo, cruzar un río en una noche de luna brillante y ver bajo el fondo brillar los guijarros; o recorrer en carruaje el campo y luego aspirar el perfume que desprenden las ruedas, entre las que se han quedado prendidos manojos de hierba fresca. En otra parte Shonagon anota que «es muy importante que un amante sepa despedirse. Para empezar, no se debería levantar con apresuración sino aguardar a que se le insista un poco: *Anda, ya hay luz... no te gustaría que te sorprendieran aquí.* Tampoco debería ponerse los pantalones de un golpe, como si tuviese mucha prisa y sin antes acercarse a su compañera, para murmurar en su oído lo que sólo ha dicho a medias durante la noche». Más adelante la señora Shonagon pinta al amante perfecto: «Me gusta pensar en un soltero —su ánimo aventurero le ha hecho escoger este estado— al regresar a su casa, después de una incursión amorosa. Es el alba y tiene un poco de sueño pero, apenas llega, se acerca a su escritorio y se pone a escribir una carta de amor — no escribiendo lo primero que se le ocurre sino entregado a su tarea y trazando con gusto hermosos caracteres. Luego de enviar su misiva con un paje, aguarda la respuesta mientras murmura ese o aquel pasaje de las Escrituras budistas. Más tarde lee algunos poemas chinos y espera a que esté listo el baño. Vestido con su manto de corte — quizá escarlata y que lleva como una bata de casa — toma el Sexto Capítulo de la *Escritura del loto* y lo lee en silencio. Precisamente en el momento más solemne y devoto de su lectura religiosa, regresa el mensajero con la respuesta. Con asombrosa si blasfema rapidez, el amante salta del libro a la carta.»

La prosa de Sei-Shonagon es transparente. A través de ella vemos un mundo milagrosamente suspendido en sí mismo, cercano y remoto a un tiempo, como encerrado en una esfera de cristal. Los valores estéticos de esa sociedad — por más exquisitos y refinados que nos parezcan — no eran sino los de la moda. Mundo *up to date,* sin pasado y sin futuro, con los ojos fijos en el presente. Mas el presente es una aparición, algo que se deshace apenas se le toca. Este sentimiento de la fugacidad de las cosas — subrayado por el budismo, que afirma la irrealidad de la existencia — tiñe de melancolía las páginas del *Libro de cabecera* de Sei-Shonagon. El mismo sentimiento — sólo que profundizado, convertido, por decirlo así, en conciencia creadora — constituye el tema central de la obra de la señora Murasaki.

La *Historia de Genji* no sólo es una de las más antiguas novelas del mundo, sino que, además, ha sido comparada a los grandes clásicos occidentales: Cervantes, Balzac, Jane Austen, Boccaccio. En realidad, según se ha dicho varias veces, la *Historia de Genji* recuerda, y no sólo

111

por su extensión y por la sociedad aristocrática que pinta, a la obra de Proust. En un pasaje Murasaki pone en boca de uno de los personajes sus ideas sobre la novela: «Este arte no consiste únicamente en narrar las aventuras de gentes ajenas al autor. Al contrario, su propia experiencia de los hombres y de las cosas, buena o mala — y no sólo lo que a él mismo le ha ocurrido sino los sucesos que ha presenciado o que le han contado —, despierta en su ser una emoción tan profunda y poderosa que lo obliga a escribir. Una y otra vez algo de su propia vida, o de la de su contorno, le parece de tal importancia que no se resigna a dejarlo hundirse en el olvido.» El arte, nos dice Murasaki, es un acto personal contra el olvido; la lucha contra la muerte, raíz de todo gran arte, lleva al novelista a escribir.

A semejanza de Proust, lo característico de Murasaki es la conciencia del tiempo. Esto, más que las aventuras amorosas de Genji y sus hermosas amantes, es el verdadero tema de la obra. La conciencia del tiempo es tan aguda en Murasaki que de pronto todo se vuelve irreal. Inclinado sobre sí mismo, en un momento de soledad o al lado de su amante, Genji ve al mundo como una fantasmal sucesión de apariencias. Todo es imagen cambiante, aire, nada. «El sonido de las campanas del templo de Heion proclama la fugacidad de todas las cosas.» Simultáneamente, la conciencia de la irrealidad del mundo y de nosotros mismos nos lleva a darnos cuenta de que también el tiempo es irreal. Nada existe, excepto esa instantánea conciencia de que todo, sin excluir a nuestra conciencia, es inexistente. Y así, por medio de una paradoja, se recobra de un golpe la existencia, ya no como acción, deseo, goce o sufrimiento, sino como conciencia de la irrealidad de todo. Para Proust, influencia de Bergson o coincidencia, sólo es real el tiempo; apresarlo, resucitarlo por obra de la memoria creadora, es aprehender la realidad. Ese tiempo ya no es la mera sucesión cuantitativa, el pasar de los minutos, sino el instante que no transcurre. No es el tiempo cronométrico sino la conciencia de la duración. Para Murasaki, como para todos los budistas, el tiempo es una ilusión y la conciencia del tiempo, y la de la muerte misma, meras imágenes en nuestra conciencia; apenas tenemos conciencia de nosotros mismos y de nuestra nadería, sin excluir la de nuestra conciencia, nos libramos de la pesadilla de la ilusión y penetramos al reino en donde ya no hay ni tiempo ni conciencia, ni muerte ni vida. La única realidad es la irrealidad de nuestros pensamientos y sentimientos.

No es casual la importancia de la música en la obra de Proust. La sonata de Vinteuil simboliza la nostalgia del tiempo perdido y, asimismo, su recaptura. La novela está regida por un ritmo que no es inexacto llamar musical: los personajes desaparecen y reaparecen como temas o frases musicales. La música es un arte temporal: fluye, transcurre. El arte que preside la historia de Genji es estático y mudo: la pintura. Donald Keene ha comparado la novela de Murasaki a uno de esos rollos chinos pletóricos de personajes, objetos y paisajes.[2] A medida que se va desenvolviendo el lienzo, ese mundo se disuelve gradualmente «hasta que sólo quedan aquí y allá dos o tres pequeñas y melancólicas figuras aisladas, junto a un árbol o una piedra». El resto es espacio, espacio vacío. ¡Mas qué lleno de vida real está ese espacio, ese silencio! La obra de Murasaki no implica la reconquista del tiempo sino su disolución final en una conciencia más ancha y libre.

La sociedad que pintan Sei-Shonagon y Murasaki fue desgarrada por las luchas intestinas de dos familias rivales: los Taira y los Minamoto. Dos siglos después se instaura una dictadura militar, el Shogunato, y se traslada

[2] Donald Keene, *Japanese Literature*, Londres, 1953.

113

la capital administrativa y política a Kamakura, aunque la corte sigue residiendo en Kioto. Tras un nuevo período de guerras civiles, ascienden al poder los Shogunes de la casa Ashikawa, en el siglo XIV. El gobierno regresa a Kioto y el Shogún se instala en un barrio, Muromachi, que da nombre a este período. La clase militar da el tono a la nueva sociedad, como los cortesanos dieron el suyo a la época heiana. La primera diferencia es ésta: la ausencia de mujeres escritoras. Quizá, dice Waley, durante la dominación de los Fujiwara los hombres estaban demasiado ocupados en aclarar y allanar las dificultades de los clásicos chinos y las sutilezas de los metafísicos indios. En efecto, la literatura docta de ese período fue escrita en chino y por hombres; la de mera diversión — novelas y diarios — en japonés y por mujeres. No es ésta la única, ni la más importante, de las diferencias que separan a estas dos épocas. La casta militar, como en su tiempo la cortesana, cede a la fascinación de la cultura china y especialmente a la del budismo; pero la rama del budismo que escoge — llamada Zen — tiene características especiales y que exigen un breve paréntesis.

Tanto en su forma primera (Hinayana) como en la tardía (Mahayana), el budismo sostiene que la única manera de detener la rueda sin fin del nacer y del morir y, por consiguiente, del dolor, es acabar con el origen del mal. Filosofía antes que religión, el budismo postula como primera condición de una vida recta la desaparición de la ignorancia acerca de nuestra verdadera naturaleza y la del mundo. Sólo si nos damos cuenta de la irrealidad del mundo fenomenal, podemos abrazar la buena vía y escapar del ciclo de las reencarnaciones, alimentado por el fuego del deseo y el error. El yo se revela ilusorio. Es una entidad sin realidad propia, compuesta por agregados o factores mentales. El conocimiento consiste ante todo en percibir la irrealidad del yo, causa principal del deseo y de nuestro apego al mundo. Así, la meditación no es otra cosa que la gradual destrucción del yo y las ilusiones que engendra; ella nos despierta del sueño o mentira que somos y vivimos. Este despertar es la iluminación (*Satori* en japonés). La iluminación nos lleva a la liberación definitiva (Nirvana). Aunque las buenas obras, la compasión y otras virtudes forman parte de la ética budista, lo esencial consiste en los ejercicios de meditación y contemplación. El estado satori implica no tanto un saber la verdad como un *estar* en ella y, en los casos supremos, un ser la verdad. Algunas sectas buscan la iluminación por medio del estudio de los libros canónicos (Sutras); otras por la vía de la devoción (ciertas corrientes de la tendencia Mahayana); otras más por la magia ritual y sexual (Tantrismo); algunas por la oración y aun por la repetición de la fórmula *Namu Amida Butsu* (Gloria a Buda Amida). Todos estos caminos y prácticas se enlazan a la vía central: la meditación. Los ritos sexuales del tantrismo son también meditación. No consisten en abandonarse a los sentidos sino en utilizarlos, por medio de un control físico y mental, para alcanzar la iluminación. El cuerpo y las sensaciones ocupan en el tantrismo el lugar de las imágenes y la oración en las prácticas de otras religiones: son un «apoyo». La doctrina Zen —y esto la opone a las demás tendencias budistas — afirma que las fórmulas, los libros canónicos, las enseñanzas de los grandes teólogos y aun la palabra misma del Buda son innecesarios. Zen predica la iluminación súbita. Los demás budistas creen que el Nirvana sólo puede alcanzarse después de pasar por muchas reencarnaciones; Gautama mismo logró la iluminación cuando ya era un hombre maduro y después de haber pasado por miles de existencias previas, que la leyenda budista ha recogido con gran poesía *(Jatakas)*. Zen afirma que el estado satori es aquí y ahora mismo, un instante que es todos los instantes, momento de revelación en que el universo entero — y con él la corriente de temporalidad que lo sostiene — se derrumba. Este instante niega al tiempo y nos enfrenta a la verdad.

Por su misma naturaleza el momento de iluminación es indecible. Como el taoísmo, a quien sin duda debe mucho, Zen es una «doctrina sin palabras». Para provocar dentro del discípulo el estado propicio a la iluminación, los maestros acuden a las paradojas, al absurdo, al contrasentido y, en general, a todas aquellas formas que tienden a destruir nuestra lógica y la perspectiva normal y limitada de las cosas. Pero la destrucción de la lógica no tiene por objeto remitirnos al caos y al absurdo sino, a través de la experiencia de lo sin sentido, descubrir un nuevo *sentido*. Sólo que este *sentido* es incomunicable por las palabras. Apenas el humor, la poesía o la imagen pueden hacernos vislumbrar en qué consiste la nueva visión. El carácter incomunicable de la experiencia Zen se revela en esta anécdota: un maestro cae en un precipicio pero puede asir con los dientes la rama de un árbol; en este instante llega uno de sus discípulos y le pregunta: ¿en qué consiste Zen, maestro? Evidentemente, no hay respuesta posible: enunciar la doctrina implica abandonar el estado satori y volver a caer en el mundo de los contrarios relativos, en el «esto» y el «aquello». Ahora bien, Zen no es ni «esto» ni «aquello» sino, más bien, «esto y aquello». Así, para emplear la conocida frase de Chuang-Tseu, «el verdadero sabio predica la doctrina sin palabras».

El período Muromachi está impregnado de Zen. Para los militares, Zen era el otro platillo de la balanza. En un extremo, el estilo de vida *bushido,* es decir, del guerrero vertido hacia el exterior; en el otro, la Ceremonia del Té, la decoración floral, el Teatro Nô y, sustento al mismo tiempo que cima de toda esta vida estética, cara al interior, la meditación Zen. Según Issotei Nishikawa esta vertiente estética se llama *furyu* o sea «diversión elegante».[3] Las pa-

[3] Issotei Nishikawa, *Floral Art of Japan*, Tokio, 1936.

116

labras «diversión» y «elegante» tienen aquí un sentido peculiar y no denotan distracción mundana y lujosa sino recogimiento, soledad, intimidad, renuncia. El símbolo de furyu sería la decoración floral — *ikebana* — cuyo arquetipo no es el adorno simétrico occidental, ni la suntuosidad o la riqueza de colorido, sino la pobreza, la simplicidad y la irregularidad. Los objetos imperfectos y frágiles — una piedra rodada, una rama torcida, un paisaje no muy interesante por sí mismo pero dueño de cierta belleza secreta — poseen una calidad furyu. Bushido y furyu fueron los dos polos de la vida japonesa. Economía vital y psíquica que nos deja entrever el verdadero sentido de muchas actitudes que de otra manera nos parecerían contradictorias.

El sentido de los valores estéticos que regían la sociedad del período Muromachi es muy distinto al de la época heiana. En el universo de Murasaki triunfa la apariencia; corroído o no por el tiempo, mera ilusión acaso, el mundo exterior existe. Para los Ashikaga y su círculo, la distinción entre «esto» y «aquello», entre el sujeto y el objeto, es innecesaria y superflua. Se acentúa el lado interior de las cosas: el refinamiento es simplicidad; la simplicidad, comunión con la naturaleza. Gracias al budismo Zen, la religiosidad japonesa se ahonda y tiene conciencia de sí. Las almas se afinan y templan. El culto a la naturaleza, presente desde la época más remota, se transforma en una suerte de mística. La pintura Sung, con su amor por los espacios vacíos, influye profundamente en la estética de esta época. El octavo Shogún Ashikaga (Yoshimasa) introduce la Ceremonia del Té, regida por los mismos principios: simplicidad, serenidad, desinterés. En una palabra: quietismo. Pero nada más lejos del quietismo furibundo y contraído de los místicos occidentales, desgarrados por la oposición inconciliable entre este mundo y el otro, entre el creador y la criatura, que el de los adeptos de Zen. La ausencia de la noción de un Dios creador, por una parte, y la de la idea cristiana de una naturaleza caída, por la otra, explican la diferencia de actitudes. Buda dijo que todos, hasta los árboles y las yerbas, algún día alcanzarían el Nirvana. El estado búdico es un trascender la naturaleza pero también un volver a ella. El culto a lo irregular, a la armonía asimétrica, brota de esta idea de la naturaleza como arquetipo de todo lo existente. Los jardineros japoneses no pretenden someter el paisaje a una armonía racional, como ocurre con el arte francés de Le Nôtre, sino al contrario: hacen del jardín un microcosmo de la inmensidad natural.

El teatro Nô está profundamente influido por la estética Zen. Como en el caso del teatro griego, que nace de los cultos agrarios de fertilidad, el género Nô hunde sus raíces en ciertas danzas populares llamadas *Dengaku no Nô*. Según Waley era un espectáculo de juglares y acróbatas que, hacia el siglo XIV, se transformó en una suerte de ópera. En los mismos años una danza llamada *Sarugaku* (música de monos) alcanzó gran popularidad. El origen al mismo tiempo sagrado y licencioso de este arte puede comprobarse con esta leyenda que relata el nacimiento de la danza: «La diosa Sol se había retirado y no quería salir a iluminar al mundo; entonces la diosa Uzumi se desnudó los pechos, alzó su falda, mostró su ombligo y su sexo y danzó. Los dioses se rieron a carcajadas y la diosa Sol volvió a aparecer.» La unión de estas dos formas artísticas, *Dengaku* y *Sarugaku*, produjo finalmente el Nô.[4] Esta evo-

Sobre el nacimiento y evolución del Nô véase *The Nô Plays of Japan*, de Arthur Waley, Londres, 1950. Después de escrito este ensayo ha aparecido un libro fundamental: *La Tradition Secrète du Nô, suivie d'Une Journée de Nô*, traduction et commentaire de René Sieffert (París, 1960), que publica por primera vez en una lengua europea el texto casi completo de los tratados de Seami, a quien el erudito francés no vacila en comparar con Aristóteles. Por último, en 1968, Kasuya Sakai publicó en México su excelente *Introducción al Nô*, que contiene la traducción, la primera que se haya hecho al castellano, de cuatro piezas.

lución no deja de ofrecer analogías con la evolución del teatro español, desde las comedias y «pasos» de Gil Vicente, Juan del Encina y Lope de Rueda a la estilización intelectual del «auto sacramental». Dos hombres de genio hacen del Nô el complejo mecanismo poético que admiramos: Kanami y Seami, su hijo. Ambos fueron protegidos del Shogún Yoshimitsu, que se distinguió por su devoción a las artes y al budismo Zen. Es probable que el Shogún haya instruido al joven Seami, con quien vivió en términos más bien íntimos, en la «doctrina sin palabras».

La palabra Nô quiere decir talento y, por extensión, exhibición de talento, o sea: representación. El número de personajes de una pieza Nô se reduce a dos: el *chite* y el *waki*. El primero es el héroe de la pieza y, en realidad, su único actor; el *waki* es un peregrino que encuentra al *chite* y provoca, casi siempre involuntariamente, lo que llamaríamos la descarga dramática. El *chite* lleva una máscara. Ambos actores pueden tener cuatro o cinco acompañantes *(tsure)*. Hay además un coro de unas diez personas. Cada obra dura poco menos de un acto del teatro occidental moderno. Una sesión de Nô está compuesta por seis piezas y varios interludios cómicos *(Kyogen)*, arreglados de tal modo que formen una unidad estética: piezas religiosas, guerreras, femeninas, demoníacas, etc. Los argumentos proceden del fondo legendario, la historia y los clásicos. La palabra es sólo uno de los elementos del espectáculo; los otros son la danza, la mímica y la música (flauta y tambores). También hay que señalar la riqueza de los trajes, el carácter estilizado del decorado y la función simbólica del mobiliario y los objetos. Todos los actores son hombres. La expresión verbal pasa del lenguaje hablado a una recitación que linda con el canto aunque sin jamás convertirse en palabra cantada. Más que a la ópera o al ballet, el Nô podría parecerse a la liturgia. O al teatro barroco. La acción se inicia con una cita de los Sutras budistas, por ejemplo: «nues-

119

tras vidas son tardías gotas de rocío que sólo esperan que sople el viento, el viento de la mañana»; o esta otra, que recuerda a Calderón: «la vida es un sueño mentiroso del que despierta sólo aquel que arroja a un lado, como un harapo, el manto del mundo». Inmediatamente después el *waki* se presenta a sí mismo, declara que debe hacer un viaje a un templo, una ermita o un lugar célebre, y danza. La danza simboliza el viaje. La descripción del viaje es siempre un fragmento poético, en el que abundan juegos de palabras que aluden a los sitios que recorre el viajero. Al llegar al término de su recorrido, en un momento inesperado, el *chite* aparece. Tras una escena de «reconocimiento» irrumpe en un monólogo entrecortado y violento que revive los episodios de su vida y, si se trata de un fantasma, de su muerte. Es el instante de la crisis y el delirio, en el que la intensidad dramática se alía a un lirismo sonámbulo. Aquí la poesía del Nô se revela como una de las formas más puras del teatro universal. El *chite*, poseído por el alma en pena de un muerto al que estuvo íntimamente ligado en el pasado (su amante, su enemigo, su señor, su hijo), se habla a sí mismo con el lenguaje del otro. Cambia de alma, por decirlo así. Identificado con aquel que odia, ama o teme, el *chite* resucita el pasado en una forma que hace pensar en los mimodramas de la psicología moderna. Sólo que no se trata de psiquiatría — aunque su valor psicológico sea evidente — sino de poesía y aun de metafísica. La noción de monólogo, y con ella la del yo, se quebranta. El *chite* no es un personaje: es dos y su alma es el teatro de un conflicto. La escena termina cuando, apaciguado por el peregrino que le promete ayudar a su salvación, el *chite* se retira. La obra concluye casi siempre con una nueva invocación extraída de los textos budistas.

Dentro de estos moldes rígidos Kanami y Seami vertieron una poesía dramática de gran intensidad. El monólogo de Komachi, en la pieza de ese nombre, me parece uno de los momentos más altos del teatro universal. Es imposible dar una idea, siquiera aproximada, de la belleza de los textos. Baste decir que Arthur Waley piensa que «si por algún cataclismo el teatro Nô desapareciese, como espectáculo, los textos, por su valor puramente literario, perdurarían». Eso fue lo que ocurrió con el teatro griego, del cual sólo nos quedan las palabras; y sin embargo, esas palabras nos siguen alimentando. El género Nô ha dejado de ser un espectáculo popular pero ha influido en otros dos géneros: el teatro de títeres y el *Kabuki*. No es ocioso agregar que estas obras están salpicadas de fragmentos de poesía clásica, japonesa y china, y de citas de las Escrituras budistas. Seami y sus contemporáneos no procedieron de manera distinta a la de Shakespeare, Marlowe, Lope de Vega y Calderón.

Con frecuencia se ha comparado el teatro Nô a la tragedia griega. Los coros, las máscaras, la escasez de personajes, la importancia de música y danza y, sobre todo, la alianza de poesía pasional y lírica con la meditación sobre el hombre y su destino, recuerdan, en efecto, al teatro griego. Como las obras de Esquilo y Sófocles, el teatro Nô es un misterio y un espectáculo, quiero decir, es una visión estética y simbólica de la condición humana y de la intervención, ora nefasta, ora benéfica, de ciertos poderes a los que, alternativamente, el hombre se enfrenta o se inmola. Pero la tragedia griega es más amplia y humana: sus héroes no son fantasmas sino seres terriblemente vivos, poseídos, sí, mas también lúcidos. Por otra parte, es una meditación sobre el hombre y el cosmos infinitamente más arriesgada y profunda; su verdadero tema es la libertad humana frente a los dioses y el destino. El pensamiento de los trágicos griegos es de raíz religiosa y todo su teatro es una reflexión sobre la *hybris,* esto es, sobre las causas y los efectos del *sacrilegio* por excelencia: la desmesura, la ruptura de la medida cósmica y divina. Esta reflexión no es dogmática sino de tal

121

modo libre que no retrocede ante la blasfemia, según se ve en Eurípides y aun en Sófocles y Esquilo. La tradición intelectual de los poetas dramáticos griegos es la poesía homérica y la osada especulación de los filósofos; y el clima social que envuelve a sus creaciones, la democracia ateniense. La «política» — en el sentido original y mejor de la palabra — es la esencia de la actividad griega y lo que hizo posible su inigualable libertad de espíritu. En cambio, los autores japoneses viven en la atmósfera cerrada de una corte y su tradición intelectual es la teología budista y la estricta poesía de China y Japón.

Me parece que el teatro Nô ofrece mayores semejanzas con el español; no es arbitrario comparar las piezas de Kanami y Seami a los «autos sacramentales» de Calderón, Tirso o Mira de Amescua. La brevedad de las obras y su carácter simbólico, la importancia de la poesía y el canto — en unos a través del coro, en otros por medio de las canciones —, la estricta arquitectura teatral, la tonalidad religiosa y, especialmente, la importancia de la especulación teológica — dentro y no frente a los dogmas — son notas comunes a estas dos formas artísticas. El «autor sacramental» español y el Nô japonés son intelectuales y poéticos. Teatro en donde la vida es sueño y el sueño la única vida posible. El mundo y los hombres no tienen existencia propia: son símbolos. Teatro suspendido por hilos racionales entre el cielo y la tierra, construido con la precisión de un razonamiento y con la violencia fantasmal del deseo que sólo encarna para aniquilarse mejor.

El arte Nô no es realista, al menos en el sentido moderno de la palabra. Tampoco es fantástico. Seami dice: «música, danza y actuación son artes imitativas». Ahora bien, esta imitación quiere decir: reproducción o recreación simbólica de una realidad. Así, el abanico que llevan los actores puede simbolizar un cuchillo, un pañuelo o una carta, según la acción lo pida. El teatro Nô, como todo el arte japonés, es alusivo y elusivo. Chicamatzu nos ha dejado una excelente definición de la estética japonesa: «El arte vive en las delgadas fronteras que separan lo real de lo irreal.» Y en otra parte dice: «Es esencial no decir: esto es triste, sino que el objeto mismo sea triste, sin necesidad de que el autor lo subraye.» El artista muestra; el propagandista y el moralista demuestran.

Las reflexiones críticas de Seami están impregnadas del espíritu Zen. En un pasaje nos habla de que hay tres clases de actuación: una es para los ojos, otra para los oídos y la última para el espíritu. En la primera sobresalen la danza, los trajes y los gestos de los actores; en la segunda, la música, la dicción y el ritmo de la acción; en la tercera se apela al espíritu: «un maestro del arte no moverá el corazón de su auditorio sino cuando haya eliminado todo: danza, canto, gesticulaciones y las palabras mismas. Entonces, la emoción brota de la quietud. Esto se llama la *danza congelada*». Y agrega: «Este estilo místico, aunque se llama: Nô que habla al entendimiento, también podría llamarse: Nô sin entendimiento.» Es decir, Nô en el que la conciencia se ha disuelto en la quietud. Seami muestra la transición de los estados de ánimo del espectador, verdadera escala del éxtasis, de este modo: *«El libro de la crítica* dice: olvida el espectáculo y mira al Nô; olvida el Nô y mira al actor; olvida el actor y mira la idea; olvida la idea y entenderás al Nô.»[5] El arte es una forma superior del conocimiento. Y este conocer, con todas nuestras potencias y sentidos, sí, pero también sin ellos, suspendidos en un arrobo inmóvil y vertiginoso, culmina en un instante de comunión: ya no hay nada que contemplar porque nosotros mismos nos hemos fundido con aquello que contemplamos. Sólo que la contemplación que nos propone Seami posee — y

[5] Citado por Arthur Waley en *The Nô Plays of Japan*, Londres, 1950.

ésta es una diferencia capital — un carácter distinto al del éxtasis occidental: el arte no convoca una presencia sino una *ausencia*. La cima del instante es un estado paradójico del ser: es un no ser en el que, de alguna manera, se da el pleno ser. Plenitud del vacío.

En la época de los Ashikawa declina el poder central, mientras crecen las rivalidades entre los grandes señores feudales. La sociedad del período Muromachi puede compararse a las pequeñas cortes italianas del Renacimiento, dedicadas al cultivo de las artes y de la filosofía neoplatónica en tanto que el resto del país era desgarrado por guerras que no es exagerado llamar privadas. En el siglo XV el poder de los Shogunes Ashikawa se desmorona. Kioto es destruida y saqueada. Tras un largo interregno se restablece el poder central, nuevamente en manos de la clase militar. Al iniciarse el siglo XVII una nueva familia — los Tokuwaga — asume la dirección del Estado, que no dejará sino hasta la restauración del poder imperial, a mediados del siglo pasado. La residencia de los Shogunes se traslada a Edo (la actual Tokio). Durante estos siglos el Japón cierra sus puertas al mundo exterior. Los Shogunes establecen una rígida disciplina política, social y económica que a veces hace pensar en las modernas sociedades totalitarias o en el Estado que fundaron los jesuitas en Paraguay. Pero desde mediados del siglo XVII una nueva clase urbana empieza a surgir en Edo, Osaka y Kioto. Son los mercaderes, los *chonines* u hombres del común, que si no destruyen la supremacía feudal de los militares, sí modifican profundamente la atmósfera de las grandes ciudades. Esta clase se convierte en patrona de las artes y la vida social. Un nuevo estilo de vida, más libre y espontáneo, menos formal y aristocrático, llega a imponerse. Por oposición a la cultura tradicional japonesa — siempre de corte, de cerrado círculo religioso — esta sociedad es abierta. Se vive en la calle y se multiplican los teatros, los restaurantes, las casas de prostitución, los baños públicos atendidos por muchachas, los espectáculos de luchadores. Una burguesía próspera y refinada protege y fomenta los placeres del cuerpo y del espíritu. El barrio alegre de Edo no sólo es lugar de libertinaje elegante, en donde reinan las cortesanas y los actores, sino que, a diferencia de lo que pasa en nuestras abyectas ciudades modernas, también es un centro de creación artística. Genroku — tal es el nombre del período — se distingue por una vitalidad y un desenfado ausentes en el arte de épocas anteriores. Este mundo brillante y popular, compuesto por nuevos ricos y mujeres hermosas, por grandes actores y juglares, se llama *Ukiyo*, es decir, el Mundo que Flota o Pasa, bello como las nubes de un día de verano. El grabado en madera — *Ukiyoe*: imágenes del mundo fugitivo — se inicia en esta época. Arte gemelo del Ukiyoe, nace la novela picaresca y pornográfica: *Ukiyo-Soshi*. Las obras licenciosas — llamadas con elíptico ingenio: *Libros de primavera* — se vuelven tan populares como en Europa la literatura libertina de fines del siglo XVIII. El teatro Kabuki, que combina el drama con el ballet, alcanza su mediodía y el gran poeta Chikamatzu escribe para el teatro de muñecos obras que maravillaron a sus contemporáneos y que todavía hieren la imaginación de hombres como Yeats y Claudel. La poesía japonesa, gracias sobre todo a Matsúo Basho, alcanza una libertad y una frescura ignoradas hasta entonces. Y asimismo, se convierte en una réplica al tumulto mundano. Ante ese mundo vertiginoso y colorido, el haikú de Basho es un círculo de silencio y recogimiento: manantial, pozo de agua oscura y secreta.

Basho no rompe con la tradición sino que la continúa de una manera inesperada; o como él mismo dice: «No sigo el camino de los antiguos: busco lo que ellos buscaron.» Basho aspira a expresar, con medios nuevos, el mismo sentimiento concentrado de la gran poesía clásica. Así, transforma las formas populares de su época (el *haikai no renga*) en vehículos de la más alta poesía. Esto requiere una breve explicación. La poesía japonesa no conoce la rima ni la versificación acentual y su recurso principal, como sucede con la francesa, es la medida silábica. Esta limitación no es pobreza, pues el japonés es rico en onomatopeyas, aliteraciones y juegos de palabras que son también combinaciones insólitas de sonidos. Todo poema japonés está compuesto por versos de siete y cinco sílabas; la forma clásica consiste en un poema corto — *waka* o *tanka* — de treinta y una sílabas, dividido en dos estrofas: la primera de tres versos (cinco, siete y cinco sílabas) y la segunda de dos (ambos de siete sílabas). La estructura misma del poema permitió, desde el principio, que dos poetas participasen en la creación de un poema: uno escribía las tres primeras líneas y el otro las dos últimas. Escribir poesía se convirtió en un juego poético parecido al «cadáver exquisito» de los surrealistas; pronto, en lugar de un solo poema, se empezaron a escribir series enteras, ligados tenuemente por el tema de la estación. Estas series de poemas en cadena se llamaron *renga* o *renku*. El género ligero, cómico o epigramático, se llamó *renga haikai* y el poema inicial, *hokku*. Basho practicó con sus discípulos y amigos — dándole nuevo sentido — el arte del renga haikai o cadena de poemas, adelantándose así a la profecía de Lautréamont y a una de las tentativas del surrealismo: la creación poética colectiva.

Cualquiera que haya practicado el juego del «cadáver exquisito», el de las «cartas rusas» o algún otro que entrañe la participación de un grupo de personas en la elaboración de una frase o de un poema, podrá darse cuenta de los riesgos: las fronteras entre la comunión poética y el simple pasatiempo mundano son muy tenues. Pero si, gracias a la intervención de ese magnetismo o poesía objetiva que obliga a rimar una cosa con otra, se logra realmente la comunicación poética y se establece una corriente de simpatía creadora entre los participantes, los resultados son sorprendentes: lo inesperado brota como un pez o un chorro de agua. Lo más extraño es que esta súbita irrupción parece natural y, más que nada, fatal, necesaria. Los poemas escritos por Basho y sus amigos son memorables y la complicación de las reglas a que debían someterse no hace sino subrayar la naturalidad y la felicidad de los hallazgos. Cito, en pobre traducción, uno de esos poemas colectivos:

> *El aguacero invernal,*
> *incapaz de esconder a la luna,*
> *la deja escaparse de su puño,* Tokoku

> *Al caminar sobre el hielo*
> *piso la luz de mi linterna.* Jugo

> *Al alba los cazadores*
> *atan a sus flechas*
> *blancas hojas de helechos.* Yasui

> *Abriendo de par en par*
> *la puerta norte del Palacio: ¡la Primavera!* Basho

> *Entre los rastrillos*
> *y el estiércol de los caballos*
> *humea, cálido el aire.* Kakei [6]

El poema se inicia con la lluvia, el invierno y la noche. La imagen de la caminata nocturna sobre el hielo convoca a la del alba fría. Luego, como en la realidad, hay un salto e irrumpe, sin previo aviso, la primavera. El realismo de la última estrofa modera el excesivo lirismo de la anterior.

El poema suelto, desprendido del renga haikai, empezó a llamarse *haikú,* palabra compuesta de haikai y hokku. Un

[6] Utilizo la versión inglesa de Donald Keene (*Japanese Literature,* Londres, 1953).

haikú es un poema de 17 sílabas y tres versos: cinco, siete, cinco. Basho no inventó esta forma; tampoco la alteró: simplemente transformó su sentido. Cuando empezó a escribir, la poesía se había convertido en un pasatiempo: poema quería decir poesía cómica, epigrama o juego de sociedad. Basho recoge este nuevo lenguaje coloquial, libre y desenfadado, y con él busca lo mismo que los antiguos: el instante poético. El haikú se convierte en la anotación rápida, verdadera recreación, de un momento privilegiado; exclamación poética, caligrafía, pintura y escuela de meditación, todo junto. Discípulo del monje Buccho — y él mismo medio ermitaño que alterna la poesía con la meditación —, el haikú de Basho es ejercicio espiritual. La filosofía Zen reaparece en su obra, como reconquista del instante. O mejor: como abolición del instante. Uno de sus sucesores, el poeta Oshima Ryoto, alude a esta suspensión del ánimo en un poema admirable:

> No hablan palabra
> el anfitrión, el huésped
> y el crisantemo.

Yosa Buson, pintor, calígrafo y uno de los cuatro maestros del haikú (con Basho, Issa y Shiki), expresa la misma intuición aunque con una ironía ausente en el poema de Ryoto y que es una de las grandes contribuciones del haikú:

> Llovizna: plática
> de la capa de paja
> y la sombrilla.

A lo que responde Misoaka Shiki, un siglo después:

> Ah, si me vuelvo,
> ese pasante ya
> no es sino bruma.

Los ejemplos anteriores muestran la aptitud del haikú para convertirse en medio de expresión de la sensibilidad Zen. Quizá el genio de Basho reside en haber descubierto que, a pesar de su aparente simplicidad, el haikú es un organismo poético muy complejo. Su misma brevedad obliga al poeta a significar mucho diciendo lo mínimo.[7]

Desde un punto de vista formal el haikú se divide en dos partes. Una da la condición general y la ubicación temporal y espacial del poema (otoño o primavera, mediodía o atardecer, un árbol o una roca, la luna, un ruiseñor); la otra, relampagueante, debe contener un elemento activo. Una es descriptiva y casi enunciativa; la otra, inesperada. La percepción poética surge del choque entre ambas. La índole misma del haikú es favorable a un humor seco, nada sentimental, y a los juegos de palabras, onomatopeyas y aliteraciones, recursos constantes de Basho, Busson e Issa. Arte no intelecutal, siempre concreto y antiliterario, el haikú es una pequeña cápsula cargada de poesía capaz de hacer saltar la realidad aparente. Un poema de Basho — que ha resistido, es cierto, a todas las traducciones y que doy aquí en una inepta versión — quizá ilumine lo que quiero decir:

> *Un viejo estanque:*
> *salta una rana ¡zas!*
> *chapalateo.*

Nos enfrentamos a una casi prosaica enunciación de hechos: el estanque, el salto de la rana, el chasquido del agua. Nada menos «poético»: palabras comunes y un hecho insignificante. Basho nos ha dado simples apuntes, como si nos mostrase con el dedo dos o tres realidades inconexas que, sin embargo, tienen un «sentido» que nos toca a nosotros

---

[7] Sobre el haikú, su técnica y sus fuentes espirituales, véase la obra que, en cuatro volúmenes, ha dedicado R. H. Blyth al tema: *Haikú,* 1949-1952.

descubrir. El lector debe recrear el poema. En la primera
línea encontramos el elemento pasivo: el viejo estanque y
su silencio. En la segunda, la sorpresa del salto de la rana,
que rompe la quietud. Del encuentro de estos dos elementos
debe brotar la iluminación poética. Y esta iluminación con-
siste en volver al silencio del que partió el poema, sólo que
ahora cargado de significación. A la manera del agua que
se extiende en círculos concéntricos, nuestra conciencia debe
extenderse en oleadas sucesivas de asociaciones. El pequeño
haikú es un mundo de resonancias, ecos y correspondencias:

> *Tregua de vidrio:*
> *el son de la cigarra*
> *taladra rocas.*

El paisaje no puede ser más nítido. Mediodía en un lugar
desierto: el sol y las rocas. Lo único vivo en el aire seco es
el rumor de las cigarras. Hay un gran silencio. Todo calla
y nos enfrenta a algo que no podemos nombrar: la natura-
leza se nos presenta como algo concreto y, al mismo tiempo,
inasible, que rechaza toda comprensión. El canto de las
cigarras se funde al callar de las rocas. Y nosotros también
quedamos paralizados y, literalmente, petrificados. El haikú
es satori.

> *El mar ya oscuro:*
> *los gritos de los patos*
> *apenas blancos.*

Aquí predomina la imagen visual: lo blanco brilla débil-
mente sobre el dorso oscuro del mar. Pero no es el plumaje
de los patos, ni la cresta de las olas sino los gritos de los
pájaros lo que, extrañamente, es blanco para el poeta. En
general Basho prefiere alusiones más sutiles y contrastes más
velados:

Este camino
nadie ya lo recorre
salvo el crepúsculo.

La melancolía no excluye una buena, humilde y sana alegría
ante el hecho sorprendente de estar vivos y ser hombres:

Bajo las abiertas campánulas
comemos nuestra comida,
nosotros, que sólo somos hombres.

Un poema de Issa contiene el mismo sentimiento, sólo que
teñido de una suerte de simpatía cósmica:

Luna montañesa,
también iluminas
al ladrón de flores.

El haikú no sólo es poesía escrita — o, más exactamente,
dibujada — sino poesía vivida, experiencia poética recreada.
Con inmensa cortesía, Basho no nos dice todo: se limita
a entregarnos unos cuantos elementos, los suficientes para
encender la chispa. Es una invitación al viaje, un viaje que
debemos hacer con nuestras propias piernas. Pues como él
mismo dice: «No hay que viajar a lomos de otro. Piensa
en el que te sirve como si fuese otra y más débil pierna
tuya.» Y en otro pasaje agrega: «No duermas dos veces
en el mismo sitio; desea siempre una estera que no hayas
calentado aún.»

Los diarios de viaje son un género muy popular en la
literatura japonesa. Seami escribió uno — *El libro de la
Isla de Oro* — en el que entrevera pensamientos sueltos,
poemas y descripciones. Basho escribió cinco diarios de
viaje, cuaderno de bocetos, impresiones y apuntes. Estos dia-
rios son ejemplos perfectos de un género en boga en la

131

época de Basho y del cual él es uno de los grandes maestros: el *haibun,* texto en prosa que rodea, como si fuesen islotes, a los haikú. Poemas y pasajes en prosa se completan y recíprocamente se iluminan. El mejor de esos diarios, según la opinión general, es el famoso *Oku-no-Hoso-Michi (Sendas de Oku).*[7] En este breve cuaderno, hecho de veloces dibujos verbales y súbitas alusiones — signos de inteligencia que el autor cambia con el lector — la poesía se mezcla a la reflexión, el humor a la melancolía, la anécdota a la contemplación. Es difícil leer un libro — y más aún cuando casi todo su aroma se ha perdido en la traducción — que no nos ofrece asidero alguno y que se despliega como una sucesión de paisajes. Quizás haya que leerlo como se mira al campo: sin prestar mucha atención al principio, recorriendo con mirada distraída la colina, los árboles, el cielo y su rincón de nubes, las rocas... De pronto nos detenemos ante una piedra cualquiera, de la que no podemos apartar la vista y entonces conversamos, por un instante sin medida, con las cosas que nos rodean. En este libro de Basho no pasa nada, salvo el sol, la lluvia, las nubes, unas cortesanas, una niña, otros peregrinos. No pasa nada, excepto la vida y la muerte:

> *Es primavera:*
> *la colina sin nombre*
> *entre la niebla.*

La idea del viaje — un viaje desde las nubes de esta existencia hacia las nubes de la otra — está presente en toda la obra de Basho. Viajero fantasma, un día antes de morir escribe este poema:

[8] Publicado por la Imprenta Universitaria de México en 1957, traducción de Eikichi Hayashiga y Octavio Paz. Segunda edición, Barcelona, 1970 (Barral Editores).

> *Caído en el viaje:*
> *mis sueños en el llano*
> *dan vueltas y vueltas.*

En una forma voluntariamente antiheroica la poesía de Basho nos llama a una aventura de veras importante: la de perdernos en lo cotidiano para encontrar lo maravilloso. Viaje inmóvil, al término del cual nos encontramos con nosotros mismos: lo maravilloso es nuestra verdad humana. En tres versos el poeta insinúa el sentido de este encuentro:

> *Un relámpago*
> *y el grito de la garza,*
> *hondo en lo oscuro.*

El grito del pájaro se funde al relámpago y ambos desaparecen en la noche. ¿Un símbolo de la muerte? La poesía de Basho no es simbólica: la noche es la noche y nada más. Al mismo tiempo, sí es algo más que la noche, pero es un algo que, rebelde a la definición, se rehúsa a ser nombrado. Si el poeta lo nombrase, se evaporaría. No es la cara escondida de la realidad: al contrario, es su cara de todos los días... y es aquello que no está en cara alguna. El haikú es una crítica de la realidad: en toda realidad hay algo más de la que llamamos *realidad*. Simultáneamente, es una crítica del lenguaje:

> *Admirable*
> *aquel que ante el relámpago*
> *no dice: la vida huye...*

Crítica del lugar común pero también crítica a nuestra pretensión de identificar, significar y decir. El lenguaje tiende a dar sentido a todo lo que vemos y una de las misiones del poeta es hacer la crítica del sentido. Y hacerla con las palabras, instrumentos y vehículos del sentido. Si decimos que la vida es corta como el relámpago no sólo repetimos un lugar común sino que atentamos contra la originalidad de la vida, contra aquello que efectivamente la hace única. La verdad original de la vida es su vivacidad y esa vivacidad es consecuencia de ser mortal, finita: la vida está tejida de muerte. Pero al decirlo convertimos en dos conceptos, vida y muerte, la vivaz y fúnebre unidad vida-muerte. ¿Hay un lenguaje que diga, sin decirla, esa unidad? Sí, el haikú: una palabra que es la crítica de la realidad, una realidad que es la burla oblicua del significado. El haikú de Basho nos abre las puertas de satori: sentido y falta de sentido, vida y muerte, coexisten. No es tanto la anulación de los contrarios ni su fusión como una suspensión del ánimo. Instante de la exclamación o de la sonrisa: la poesía ya no se distingue de la vida, la realidad reabsorbe a la significación. La vida no es ni larga ni corta sino que es como el relámpago de Basho. Ese relámpago no nos avisa de nuestra mortalidad; su misma intensidad de luz, semejante a la intensidad verbal del poema, nos dice que el hombre no es únicamente esclavo del tiempo y de la muerte sino que, dentro de sí, lleva a *otro tiempo*. Y la visión instantánea de ese otro tiempo se llama poesía: crítica del lenguaje y de la realidad: crítica del tiempo. La subversión del sentido produce una reversión del tiempo: el instante del haikú es inconmensurable. La poesía del Basho, ese hombre frugal y pobre que escribió ya entrado en años y que vagabundeó por todo el Japón durmiendo en ermitas y posadas populares — ese reconcentrado que contemplaba largamente un árbol y un cuervo sobre el árbol, el brillo de la luz sobre una piedra — ese poeta que después de remendarse las ropas raídas leía a los clásicos chinos — ese silencioso que hablaba en los caminos con los labradores y las prostitutas, los monjes y los niños —, es algo más que una obra literaria: es una invitación a vivir de veras la vida y la poesía. Dos realidades inseparables y que, no obstante, jamás se funden enteramente: el grito del pájaro y la luz del relámpago.

México, 1954

EL SURREALISMO

Es revelador que los organizadores de este ciclo de conferencias hayan pensado que el surrealismo es uno de los grandes temas de nuestra época.[1] Día a día se hace más patente que la casa construida por la civilización occidental se nos ha vuelto prisión, laberinto sangriento, matadero colectivo. No es extraño, por tanto, que pongamos en entredicho a la realidad y que busquemos una salida. El surrealismo no pretende otra cosa: es un poner en radical entredicho a lo que hasta ahora ha sido considerado inmutable por nuestra sociedad, tanto como una desesperada tentativa por encontrar la vía de salida. No, ciertamente, en busca de la salvación, sino de la *verdadera vida*. Al mundo de «robots» de la sociedad contemporánea el surrealismo opone los fantasmas del deseo, dispuestos siempre a encarnar en un rostro de mujer. Pero hace cinco o seis años esta conferencia habría sido imposible. Graves críticos — enterradores de profesión y, como siempre, demasiado apresurados — nos habían dicho que el surrealismo era un movimiento pasado. Su acta de defunción había sido extendida, no sin placer, por los notarios del espíritu. Para descanso de todos, el surrealismo dormía ya el sueño eterno de las otras escuelas de principios de siglo: futurismo, cubismo, imaginismo, dadaísmo, ultraísmo, etcétera. Bastaba, pues, con que el historiador de la literatura pronunciase su pequeño elogio fúnebre para que, ya tranquilos, volviésemos a los quehaceres diarios. Lo maravilloso cotidiano había muerto. En rea-

[1] «Los grandes temas de nuestro tiempo», serie de conferencias organizada por la Universidad Nacional de México en 1954.

136

lidad, nunca había existido. Existía sólo lo cotidiano: la moral del trabajo, el «ganarás el pan con el sudor de tu frente», el mundo sólido del humanismo clásico y de la prodigiosa ciencia atómica.

Pero el cadáver estaba vivo. Tan vivo, que ha saltado de su fosa y se ha presentado de nuevo ante nosotros, con su misma cara terrible e inocente, cara de tormenta súbita, cara de incendio, cara y figura de hada en medio del bosque encantado. Seguir a esa muchacha que sonríe y delira, internarse con ella en las profundidades de la espesura verde y oro, en donde cada árbol es una columna viviente que canta, es volver a la infancia. Seguir ese llamado es partir a la reconquista de los poderes infantiles. Esos poderes — más grandes quizá que los de nuestra ciencia orgullosa — viven intactos en cada uno de nosotros. No son un tesoro escondido sino la misteriosa fuerza que hace de la gota de rocío un diamante y del diamante el zapato de Cenicienta. Constituyen nuestra manera propia de ser y se llaman: imaginación y deseo. El hombre es un ser que imagina y su razón misma no es sino una de las formas de ese continuo imaginar. En su esencia, imaginar es ir más allá de sí mismo, proyectarse, continuo trascenderse. Ser que imagina porque desea, el hombre es el ser capaz de transformar el universo entero en imagen de su deseo. Y por esto es un ser amoroso, sediento de una presencia que es la viva imagen, la encarnación de su sueño. Movido por el deseo, aspira a fundirse con esa imagen y, a su vez, convertirse en imagen. Juego de espejos, juego de ecos, cuerpos que se deshacen y recrean infatigablemente bajo el sol inmóvil del amor. La máxima de Novalis: «*el hombre es imagen*», la hace ya suya el surrealismo. Pero la recíproca también es verdadera: *la imagen encarna en el hombre*.

Nada más sintomático de cierto estado de espíritu contemporáneo que aceptar sin pestañear la presencia de tendencias que pueden calificarse de surrealistas a lo largo del pasado — el romanticismo alemán, la novela gótica inglesa, como ejemplos próximos — y en cambio negarse a reconocerlas en el presente. Cierto, hay un estilo surrealista que, perdido su inicial poder de sorpresa, se ha transformado en manera y receta. El surrealismo es uno de los frutos de nuestra época y no es invulnerable al tiempo; pero, asimismo, la época está bañada por la luz surrealista y su vegetación de llamas y piedras preciosas ha cubierto todo su cuerpo. Y no es fácil que esas lujosas cicatrices desaparezcan sin que desaparezca la época misma. Esas cicatrices forman una constelación de obras a las que no es posible renunciar sin renunciar a nosotros mismos. Sin embargo, el surrealismo traspasa el significado de estas obras porque no es una escuela (aunque constituya un grupo o secta), ni una poética (a pesar de que uno de sus postulados esenciales sea de orden poético: el poder liberador de la inspiración), ni una religión o un partido político. El surrealismo es una actitud del espíritu humano. Acaso la más antigua y constante, la más poderosa y secreta.

En *Arcano 17*, André Breton habla de una estrella que hace palidecer a las otras: el lucero de la mañana, Lucifer, ángel de la rebelión. Su luz la forman tres elementos: la libertad, el amor y la poesía. Cada uno de ellos se refleja en los otros dos, como tres astros que cruzan sus rayos para formar una estrella única. Así, hablar de la libertad será hablar de la poesía y del amor. Movimiento de rebelión total, nacido de Dadá y su gran sacudimiento, el surrealismo se proclama como una actividad destructora que quiere hacer tabla rasa con los valores de la civilización racionalista y cristiana. A diferencia del dadaísmo, es también una empresa revolucionaria que aspira a transformar la realidad y, así, obligarla a ser ella misma. El surrealismo no parte de una teoría de la realidad; tampoco es una doctrina de la libertad. Se trata más bien del ejercicio concreto de la libertad, esto es, de poner en acción la libre disposición del hombre en un cuerpo a cuerpo con lo real. Desde el principio la concepción surrealista no distingue entre el conocimiento poético de la realidad y su transformación: conocer es un acto que transforma aquello que se conoce. La actividad poética vuelve a ser una operación mágica.

Para nosotros el mundo real es un conjunto de objetos o entes. Antes de la edad moderna, ese mundo estaba dotado de una cierta intencionalidad, atravesado, por decirlo así, por la voluntad de Dios. Los hombres, la naturaleza y las cosas mismas estaban impregnadas de algo que las trascendía; poseían un valor: eran buenas o malas. La idea de utilidad — que no es sino la degradación moderna de la noción de bien — impregnó después nuestra idea de la realidad. Los entes y objetos que constituyen el mundo se nos han vuelto cosas útiles, inservibles o nocivas. Nada escapa a esta idea del mundo como un vasto utensilio: ni la naturaleza, ni los hombres, ni la mujer misma: todo es un para..., todos somos instrumentos. Y aquellos que en lo alto de la pirámide social manejan esta enorme y ruinosa maquinaria, también son utensilios, también son herramientas que se mueven maquinalmente. El mundo se ha convertido en una gigantesca máquina que gira en el vacío, alimentándose sin cesar de sus detritus. Pues bien, el surrealismo se rehúsa a ver al mundo como un conjunto de cosas buenas y malas, unas henchidas del ser divino y otras roídas por la nada; de ahí su anticristianismo. Asimismo, se niega a ver la realidad como un conglomerado de cosas útiles o nocivas; de ahí su anticapitalismo. Las ideas de moral y utilidad le son extranjeras. Finalmente, tampoco considera el mundo a la manera del hombre de ciencia puro, es decir, como un objeto o grupo de objetos desnudos de todo valor, desprendidos del espectador. Nunca es posible ver el objeto en sí; siempre está iluminado por el ojo que lo mira, siempre está moldeado por la mano que lo acaricia, lo oprime o lo empuña. El objeto, instalado en su realidad irrisoria como un rey en un volcán, de pronto cambia de forma y se transforma en otra cosa. El ojo que lo mira lo ablanda como cera; la mano que lo toca lo modela como arcilla. El objeto se subjetiviza. O como dice un héroe de Arnim: «Discierno con pena lo que veo con los ojos de la realidad de lo que veo con los ojos de la imaginación.» Evidentemente se trata de los mismos ojos, sólo que sirviendo a poderes distintos. Y así se inicia una vasta transformación de la realidad. Hijo del deseo, nace el objeto surrealista: la asamblea de montes es otra vez cena de gigantes; las manchas de la pared cobran vida, se echan a volar y son un ejército de aves que con sus picos terribles desgarran el vientre de la hermosa encadenada.

Las imágenes del sueño proporcionan ciertos arquetipos para esta subversión de la realidad. Y no sólo las del sueño; otros estados análogos, desde la locura hasta el ensueño diurno, provocan rupturas y reacomodaciones de nuestra visión de lo real. Consecuentes con este programa, Breton y Éluard reproducen en el libro *La Inmaculada Concepción* el pensamiento de los enfermos mentales; durante una época Dalí se sirve de la «paranoia crítica»; Aragón escribe *Una ola de sueños*. En efecto, se trataba de una inundación de imágenes destinadas a quebrantar la realidad. Otro de los procedimientos para lograr la aparición de lo insólito consiste en desplazar un objeto ordinario de su mundo habitual («el encuentro de una máquina de coser y un paraguas en una mesa de disección»). Ningún arma más poderosa que la del humor: al absurdo del mundo la conciencia responde con otro y el humor establece así una suerte de «empate» entre objeto y sujeto. Todos estos métodos — y otros muchos — no eran, ni son, ejercicios gratuitos de carácter estético. Su propósito es subversivo: abolir esta realidad que una civilización vacilante nos ha impuesto como la sola y única verdadera.

El carácter destructivo de estas operaciones no es sino

un primer paso; su fin último es desnudar la realidad, despojarla de sus apariencias, para que muestre al fin su verdadero rostro. «El ser ama ocultarse»: la poesía se propone hacerlo reaparecer. De alguna manera, en algún momento privilegiado, la realidad escondida se levanta de su tumba de lugares comunes y coincide con el hombre. En ese momento paradisíaco, por primera y única vez, un instante y para siempre, somos de verdad. Ella y nosotros. Arrasado por el humor y recreado por la imaginación, el mundo no se presenta ya como un «horizonte de utensilios» sino como un campo magnético. Todo está vivo: todo habla o hace signos; los objetos y las palabras se unen o separan conforme a ciertas llamadas misteriosas; la yedra que asalta el muro es la cabellera verde y dorada de Melusina. Espacio y tiempo vuelven a ser lo que fueron para los primitivos: una realidad viviente, dotada de poderes nefastos o benéficos, algo, en suma, concreto y cualitativo, no una simple extensión mensurable.

Mientras el mundo se torna maleable al deseo, escapa de las nociones utilitarias y se entrega a la subjetividad, ¿qué ocurre con el sujeto? Aquí la subversión adquiere una tonalidad más peligrosa y radical. Si el objeto se subjetiviza, el yo se disgrega. «Desde Arnim —dice Breton—, toda la historia de la poesía moderna es la de las libertades que los poetas se han tomado con la idea del yo soy.» Y así es: al margen de un retrato de Nerval aparece, de su puño y letra, una frase que años más tarde, apenas modificada, servirá también de identificación para Rimbaud. Nerval escribió: «Yo soy el otro»; y Rimbaud: «Yo es otro.» Y no se hable de coincidencias: se trata de una afirmación que viene de muy lejos y que, desde Blake y los románticos alemanes, todos los poetas han repetido incansablemente. La idea del doble — que ha perseguido a Kafka y a Rilke — se abre paso en la conciencia de un poeta tan aparentemente insensible al otro mundo como Guillermo Apollinaire:

Je me disais Guillaume il est temps que tu viennes
Un jour je m'attendais moi-même
Pour que je sache enfin celui-là que je suis...

El casi enternecido asombro con que Apollinaire se espera
a sí mismo, se transforma en el rabioso horror de Antonin
Artaud: «transpirando la argucia de sí mismo a sí mismo».
En un libro de Benjamin Péret, *Je sublime,* la corriente
temporal del yo se dispersa en mil gotas coloreadas, como
el agua de una cascada a la luz solar. A más de dos mil años
de distancia, la poesía occidental descubre algo que consti-
tuye la enseñanza central del budismo: el·yo es una ilusión,
una congregación de sensaciones, pensamientos y deseos.

La sistemática destrucción del yo — o mejor dicho: la
objetivización del sujeto — se realiza a través de diversas
técnicas. La más notable y eficaz es la escritura automáti-
ca; o sea: el dictado del pensamiento no dirigido, emanci-
pado de las interdicciones de la moral, la razón o el gusto
artístico. Nada más difícil que llegar a este estado de supre-
ma distracción. Todo se opone a este frenesí pasivo, desde la
presión del exterior hasta nuestra propia censura interior
y el llamado «espíritu crítico». Tal vez no sea impertinente
decir aquí lo que pienso de la «escritura automática», des-
pués de haberla practicado algunas veces. Aunque se pre-
tende que constituye un método experimental, no creo que
sea ni lo uno ni lo otro. Como experiencia me parece irrea-
lizable, al menos en forma absoluta. Y más que método
la considero una meta: no es un procedimiento para llegar
a un estado de perfecta espontaneidad o inocencia sino que,
si fuese realizable, sería ese estado de inocencia. Ahora
bien, si alcanzamos esa inocencia — si hablar, soñar, pen-
sar y obrar se han vuelto ya lo mismo —, ¿a qué escribir?
El estado a que aspira la «escritura automática» excluye
toda escritura. Pero se trata de un estado inalcanzable. En

suma, practicarla efectivamente y no como ejercicio psicológico, exigiría haber logrado una libertad absoluta, o lo que es lo mismo, una dependencia no menos absoluta: un estado que suprimiría las diferencias entre el yo, el superego y el inconsciente. Algo contrario a nuestra naturaleza psíquica. No niego, claro está, que en forma aislada, discontinua y fragmentaria, no nos dé ciertas revelaciones preciosas sobre el funcionamiento del lenguaje y del pensamiento. En este sentido quizá Breton tenga razón al insistir en que, a pesar de todo, es uno de los modos más seguros «para devolver a la palabra humana su inocencia y su poder creador originales». Por lo demás, ningún escritor negará que casi siempre sus mejores frases, sus imágenes más puras, son aquellas que surgen de pronto en medio de su trabajo como misteriosas ocurrencias. Y lo mismo sucede en nuestra vida diaria: siempre hay una extraña intrusión, una dichosa o nefasta «casualidad», que vuelve irrisorias todas las previsiones del sentido común. Más allá de su dudoso valor como método de creación, la escritura automática puede compararse a los ejercicios espirituales de los místicos y, sobre todo, a las prácticas del budismo Zen: se trata de llegar a un estado paradójico de pasividad activa, en el que el «yo pienso» es substituido por un misterioso «se piensa». Lo importante, así, es lograr la ruptura de esa ficticia personalidad que el mundo nos impone o que nosotros mismos hemos creado para defendernos del exterior. El yo nos aplasta y esconde nuestro verdadero ser. Negar al yo no es negar al ser:

Suis-je Amour ou Phébus? Lusignan ou Biron?

La renuncia a la identidad personal no implica una pérdida del ser sino, precisamente, su reconquista. El poeta es ya todos los hombres. La naturaleza arroja sus máscaras

143

y se revela tal cual es. La tentativa por «ser todos los hombres», presente en la mayoría de los grandes poetas, se alía necesariamente a la destrucción del yo. La empresa poética no consiste tanto en suprimir la personalidad como en abrirla y convertirla en el punto de intersección de lo subjetivo y lo objetivo. El surrealismo intenta resolver la vieja oposición entre el yo y el mundo, lo interior y lo exterior, creando objetos que son interiores y exteriores a la vez. Si mi voz ya no es mía, sino la de todos, ¿por qué no lanzarse a una nueva experiencia: la poesía colectiva? En verdad, la poesía siempre ha sido hecha por todos. Los mitos poéticos, las grandes imágenes de la poesía en todas las lenguas, son un objeto de comunión colectiva. Los surrealistas no sólo quieren participar en las creaciones poéticas: aspiran a convertir esa participación en una nueva forma de creación. Varios libros de poemas fueron escritos colectivamente por Breton, Éluard, Char y otros. Al mismo tiempo, aparecen los juegos poéticos y plásticos, todos ellos destinados a hacer surgir, por medio del choque de dos o más voluntades poéticas, la imagen deslumbrante.

. Los primeros años de la actividad surrealista fueron muy ricos. No solamente modificaron la sensibilidad de la época sino que hicieron surgir una nueva poesía y una nueva pintura. Pero no se trataba de crear un nuevo arte sino un hombre nuevo. Ahora bien, la Edad de Oro no aparecía entre los escombros de esa realidad tan furiosamente combatida. Al contrario, la condición del hombre era cada vez más atroz. Al período que inicia el *Primer manifiesto* sucede otro, presidido por preocupaciones de orden social. En el ánimo de Breton, Aragon y sus amigos se instala una duda: la emancipación del espíritu humano, meta del surrealismo, ¿no exige una previa liberación de la condición social del hombre? Tras varias tormentas interiores, el surrealismo decide adherirse a las posiciones de la Tercera Internacional. Y así, *La Revolución Surrealista* se transforma en *El Surrealismo al servicio de la Revolución.* Sin embargo, los revolucionarios políticos no mostraron mucha simpatía por servidores tan independientes. La máquina burocrática del Partido Comunista acabó por rechazar a todos aquellos que no pudieron o no quisieron someterse. Durante algunos años las rupturas suceden a las tentativas de conciliación. Al final se vio claro que toda síntesis era imposible. Sin duda el carácter cada vez más autoritario y antidemocrático del comunismo estalinista, la estrechez y rigidez de sus doctrinas estético-políticas y, sobre todo, la represión de que fueron síntoma, entre otros, los Procesos de Moscú, contribuyeron a hacer irreparable la ruptura. Aun así, por unos años más, el surrealismo coincidió con las tesis fundamentales del marxismo, tal como las representaba León Trotsky. En 1938 Breton lo visita en México y redacta con el viejo revolucionario un famoso manifiesto: *Por un arte revolucionario independiente.* (Este texto apareció en todo el mundo con las firmas de André Breton y Diego Rivera.)

A pesar de la amplitud y generosidad de miras de León Trotsky, la verdad es que demasiadas cosas separaban al materialismo histórico de la posición surrealista. La imposibilidad de participar directamente en la lucha social fue, y es, una herida para el surrealismo. En un libro reciente Breton vuelve sobre el tema, no sin amargura: «La historia dirá si esos que reivindican hoy el monopolio de la transformación social del mundo trabajan por la liberación del hombre o lo entregan a una esclavitud peor. El surrealismo, como movimiento definido y organizado en vista de una voluntad de emancipación más amplia, no pudo encontrar un punto de inserción en su sistema...» Reducido a sus propios medios, el surrealismo no ha cesado de afirmar que la liberación del hombre debe ser total. En el seno de una sociedad en la que realmente hayan desaparecido los señores, nacerá una poesía que será creación colectiva, como los mitos del pasado. Asistirá el hombre entonces a la reconciliación del

145

pensamiento y la acción, el deseo y el fruto, la palabra y la cosa. La escritura automática dejaría de ser una aspiración: hablar sería crear.

El surrealismo pone en tela de juicio a la realidad; pero la realidad también pone en tela de juicio a la libertad del hombre. Hay series de acontecimientos independientes entre sí que, en ciertos sitios y momentos privilegiados, se cruzan. ¿Cuál es el significado de lo que se llama destino, casualidad o, para emplear el lenguaje de Hegel, *azar objetivo*? En varios libros — *Nadja, El loco amor, Los vasos comunicantes* — Breton señala el carácter extraño de ciertos encuentros. ¿Se trata de meras coincidencias? Semejante manera de resolver el problema revelaría una suerte de realismo ingenuo o de positivismo primario. Lugar en que se cruzan la libertad y la necesidad, ¿qué es el azar objetivo? Engels había dicho: «La causalidad no puede ser comprendida sino ligada con la categoría del azar objetivo, forma de manifestación de la necesidad.» Para Breton el azar objetivo es el punto de intersección entre el deseo — o sea: la libertad humana — y la necesidad exterior. No creo que nadie haya ofrecido una respuesta definitiva a este «problema de problemas». Pero si la respuesta de Breton no logra satisfacernos, su pregunta no cesa de hostigarnos. Todos hemos sido héroes o testigos de encuentros inexplicables. Esos encuentros son, para citar hallazgos de personas muy alejadas de las preocupaciones surrealistas, el virus para Pasteur, la penicilina para Fleming, una rima para Valéry. Y en nuestra vida diaria, ¿no es el amor, de manera soberana, la ardiente encarnación del azar objetivo? Las preguntas que hacían Breton y Éluard en la revista *Minotauro*: «¿Cuál ha sido el encuentro capital de su vida?; ¿hasta qué punto ese encuentro le ha dado la impresión de lo necesario o lo fortuito?», las podemos repetir todos. Y estoy seguro de que la mayoría respondería que ese encuentro capital, decisivo, destinado a marcarnos para siempre con su garra dorada, se llama: amor, persona amada. Y ninguno de nosotros podría afirmar con entera certeza si ese encuentro fue fortuito o necesario. Los más diríamos que, si fue fortuito, tenía toda la fuerza inexorable de la necesidad; y, si fue necesario, poseía la deliciosa indeterminación de lo fortuito. El azar objetivo es una forma paradójica de la necesidad, la forma por excelencia del amor: conjunción de la doble soberanía de libertad y destino. El amor nos revela la forma más alta de la libertad: libre elección de la necesidad.

El amor es exclusivo y único porque en la persona amada se enlazan libertad y necesidad. En uno de sus libros más hermosos, *El loco amor,* Breton ha puesto de relieve la naturaleza absorbente, total, del amor único: «delirio de la presencia absoluta en el seno de la naturaleza reconciliada». El verdadero amor, el amor libre y liberador, es siempre exclusivo e impide toda caída en la infidelidad: «No hay sofisma tan temible como el que afirma que el acto sexual va necesariamente acompañado de una caída del potencial amoroso entre dos seres, caída cuya repetición los arrastraría progresivamente a cansarse el uno del otro... Es fácil discernir los dos errores fundamentales que originan este modo de ver: uno es social; otro, moral. El error social, que no podría remediarse sin la destrucción de las bases económicas de la sociedad actual, procede de que la elección inicial hoy no está realmente permitida y, en la medida en que excepcionalmente tiende a imponerse, se produce en una atmósfera de no elección, hostil a su triunfo ... El error moral nace de la incapacidad en que se halla la mayoría de los hombres para librarse de toda preocupación ajena al amor, de todo temor como de toda duda ... La experiencia del artista, como la del sabio, es aquí de gran ayuda: ambas revelan que todo lo que se edifica y perdura ha exigido, de antemano, *para ser,* un total abandono. El amor debe perder ese gusto amargo que no tiene, por ejemplo, el ejercicio de la poesía. Tal empresa no podrá llevarse a cabo plenamente mientras no se haya abolido, a escala universal, la infame idea cristiana del pecado.» Es decir, se trata de reconquistar la inocencia. No es extraño que otro gran contemporáneo de Breton, el inglés D. H. Lawrence, se exprese en términos semejantes. El verdadero tema de nuestro tiempo — y el de todos los tiempos — es el de la reconquista de la inocencia por el amor.

¡Despojar al amor «de ese sabor amargo que no tiene la poesía»! ¿Qué es, entonces, la poesía para Breton? Él mismo nos lo dice en un poema:

> *La poesía se hace en el lecho como el amor*
> *Sus sábanas deshechas son la aurora de las cosas*
> *La poesía se hace en los bosques*
> . . . .
> *El abrazo poético como el abrazo carnal*
> *Mientras duran*
> *Prohíben caer en la miseria del mundo.*

Poesía y amor son actos semejantes. La experiencia poética y la amorosa nos abren las puertas de un instante eléctrico. Allí el tiempo no es sucesión; ayer, hoy y mañana dejan de tener significado: sólo hay un siempre que es también un aquí y un ahora. Caen los muros de la prisión mental; espacio y tiempo se abrazan, se entretejen y despliegan a nuestros pies una alfombra viviente, una vegetación que nos cubre con sus mil manos de hierba, que nos desnuda con sus mil ojos de agua. El poema, como el amor, es un acto en el que nacer y morir, esos dos extremos contradictorios que nos desgarran y hacen de tal modo precaria la condición humana, pactan y se funden. Amar es morir, han dicho nuestros místicos; pero también, y por eso mismo, es nacer. El carácter inagotable de la experiencia amorosa no es distinto al de la poesía. René Char escribe: «El poema es el amor realizado del deseo que permanece deseo.»

Todo el ser participa en el encuentro erótico, bañado de su luz cegadora. Y cuando la tensión desaparece y la ola nos deposita en la orilla de lo cotidiano, esa luz aún brilla y nos entreabre la cortina de nuestra condición. Entonces nos reconocemos y recordamos lo que realmente somos. La «vida anterior» regresa: es una mujer, la morada terrestre del hombre, la diosa de pechos desnudos que sonríe a la orilla del Mediterráneo, mientras el agua del «mar se mezcla al sol»; es Xochiquetzal, la de la falda de hojas de maíz y fuego, la de la falda de bruma, cuerpo de centella en la tormenta; es Perséfona que asciende del abismo en donde ha cortado el narciso, la flor del deseo. Paul Éluard revela la identidad entre amor y poesía:

> *Tú das al mundo un cuerpo siempre el mismo*
> *El tuyo*
> *Tú eres la semejanza*

La mujer es la semejanza. Y yo diría: la correspondencia. Todo rima, todo se llama y se responde. Como lo creían los antiguos, y lo han sostenido siempre los poetas y la tradición oculta, el universo está compuesto por contrarios que se unen y separan conforme a cierto ritmo secreto. El conocimiento poético — la imaginación, la facultad productora de imágenes en cuyo seno los contrarios se reconcilian — nos deja vislumbrar la analogía cósmica. Baudelaire decía: «La imaginación es la más científica de nuestras facultades porque sólo ella es capaz de comprender la analogía universal, aquello que una religión mística llamaría la correspondencia ... La naturaleza es un Verbo, una alegoría, un modelo...» La obsesionante repetición de imágenes y mitos a través de los siglos, por individuos y pueblos que no se han conocido entre ellos, no puede razonablemente explicarse sino aceptando el carácter arquetípico del universo y de la palabra poética. Cierto, el hombre ha perdido la llave maestra del cosmos y de sí mismo; desgarrado en su interior, separado de la naturaleza, sometido al tormento del tiempo y el trabajo, esclavo de sí mismo y de los otros, rey destronado, perdido en un laberinto que parece no tener salida, el hombre da vueltas alrededor de sí mismo incansablemente. A veces, por un instante duramente arrebatado al tiempo, cesa la pesadilla. La poesía y el amor le revelan la existencia de ese alto lugar en donde, como dice el *Segundo manifiesto*: «La vida y la muerte, lo real y lo imaginario, lo pasado y lo futuro, lo comunicable y lo incomunicable, lo alto y lo bajo dejarán de ser percibidos contradictoriamente».

Todavía no es tiempo de hacer uno de esos balances que tanto aman los críticos y los historiadores. Hoy nadie se atreve a negar que el surrealismo ha contribuido de manera poderosa a formar la sensibilidad de nuestra época. Además, esa sensibilidad, en buena parte, es creación suya. Pero la empresa surrealista no se ha limitado únicamente a expresar las tendencias más ocultas de nuestro tiempo y anticipar las venideras; este movimiento se proponía encarnar en la historia y transformar el mundo con las armas de la imaginación y la poesía. No ha sido otra la tentativa de los más grandes poetas de Occidente. Frente a la ruina del mundo sagrado medieval y, simultáneamente, cara al desierto industrial y utilitario que ha erigido la civilización racionalista, la poesía moderna se concibe como un nuevo sagrado, fuera de toda iglesia y fideísmo. Novalis había dicho: «La poesía es la religión natural del hombre.» Blake afirmó siempre que sus libros constituían las «sagradas escrituras» de la nueva Jerusalén. Fiel a esta tradición, el surrealismo busca un nuevo sagrado extrarreligioso, fundado en el triple eje de la libertad, el amor y la poesía. La tentativa surrealista se ha estrellado contra un muro. Colocar a la poesía en el centro de la sociedad, convertirla en el verdadero alimento de los hombres y en la vía para conocerse tanto como para transformarse, exige también una liberación total de la misma sociedad. Sólo en una sociedad libre la poesía será un bien común, una creación colectiva y una participación universal. El fracaso del surrealismo nos ilumina sobre otro, acaso de mayor envergadura: el de la tentativa revolucionaria. Allí donde las antiguas religiones y tiranías han muerto, renacen los cultos primitivos y las feroces idolatrías. Nadie sabe qué nos depararán los treinta o cuarenta años venideros. No sabemos si todo arderá, si brotará la espiga de la tierra quemada o si continuará el infierno frío que paraliza al mundo desde el fin de la guerra. Tampoco es fácil predecir el porvenir del surrealismo. Pero yo sé algo: como las sectas gnósticas de los primeros siglos cristianos, como la herejía cátara, como los grupos de iluminados del Renacimiento y la época romántica, como la tradición oculta que desde la antigüedad no ha cesado de inquietar a los más altos espíritus, el surrealismo — en lo que tiene de mejor y más valioso — seguirá siendo una invitación y un signo: una invitación a la aventura interior, al redescubrimiento de nosotros mismos; y un signo de inteligencia, el mismo que a través de los siglos nos hacen los grandes mitos y los grandes poetas. Ese signo es un relámpago: bajo su luz convulsa entrevemos algo del misterio de nuestra condición.

México, 1954

151

ARTE MÁGICO

(En 1955 André Breton envió un cuestionario sobre el *arte mágico* a un grupo de sociólogos, etnólogos, filósofos, historiadores y críticos de arte, psicólogos, esoteristas, magos y poetas. A continuación se reproducen las respuestas que di a esas preguntas.)

I. Se ha dicho recientemente (J. A. Rony, *La Magie*) que «la civilización no ha desvanecido la ficción de la magia sino para exaltar, en el arte, la magia de la ficción». ¿Suscribiría usted este juicio? Puesto que el antiguo mago y el artista moderno (el primero manipulando sobre la realidad, el segundo sobre lo imaginario, cuya repercusión sobre la realidad, a la larga o a la corta, es innegable) especulan sobre las posibilidades y los medios de *encantar el universo,* ¿concluiría usted que el mismo hilo conductor guía sus pasos y cuál es, en su opinión, la *naturaleza* de ese hilo?

La antropología moderna — contra lo que pensaba Frazer — considera muy improbable la existencia de una remota «edad mágica» de la que, por sucesivas revoluciones, se habrían desprendido el pensamiento religioso, el filosófico y el científico. En realidad, desde los orígenes hasta nuestros días las creencias mágicas se hallan inextricablemente ligadas a todas las actividades humanas. Secreta o abiertamente, la magia circula por el arte de todas las épocas, de modo que no es posible señalar los límites históricos del «arte mágico» ni tampoco reducirlo a unos cuantos rasgos estilísticos.

Pero si el arte no sustituye a la magia, en toda obra de arte existen ciertos elementos susceptibles de convertirla, en mayor o menor grado, de objeto de contemplación estética en instrumento de acción mágica. Por ejemplo, en *La vita nuova* es notable la presencia del número nueve, cifra dotada de poderes ciertos para Dante. El prestigio del número nueve en la obra de Dante — como el del siete en la de Nerval — proviene precisamente de su valor como signo astrológico. Entre magia y arte hay un flujo y reflujo continuo: la poesía descubre correspondencias y analogías que no son extrañas a la magia, para producir una suerte de hechizo verbal; al mismo tiempo, poeta y lector se sirven del poema como de un talismán mágico, literalmente capaz de metamorfosearlos.

No sin ejercer violencia contra su naturaleza original, nos empeñamos en llamar «objetos de arte» a muchos productos — esculturas, pinturas, fórmulas de encantamiento, exorcismo, plegarias — de las llamadas civilizaciones arcaicas. Para sus ignorados creadores el valor de estas obras residía en su eficacia, no en su belleza; el «arte mágico» primitivo no aspira a la expresión: *es expresivo porque quiere ser eficaz.*[2] Ahora bien, nuestra actitud ante las obras del «arte mágico» no obedece a un error de perspectiva histórica. Todos sabemos que esos objetos eran instrumentos de acción mágica. Así pues, se trata de algo más simple y, al mismo tiempo, más decisivo: nuestra idea del arte, entendido como mera contemplación desinteresada, ha sufrido una transformación substancial. Los ejemplares de «arte mágico»

[2] Esta observación es aplicable a la mayoría de las manifestaciones artísticas de otras civilizaciones: en su origen muy pocas de las obras que llamamos artísticas estuvieron destinadas a esa contemplación estética desinteresada que constituía para Kant la esencia del arte. Ni siquiera los griegos concibieron al arte como un fin en sí mismo y toda creación poética se inscribía para ellos dentro del ámbito de la *paideia.*

que acumulan nuestros museos no constituyen un nuevo botín de la insaciable conciencia histórica de Occidente sino que son uno de los signos del derrumbe de la concepción renacentista del arte. No nos basta ya la contemplación de una obra o de un poema: queremos, así sea por un instante, ser el poema mismo.

II. El «arte mágico», concebido en su sentido más amplio, ¿es la expresión de una necesidad inalienable del espíritu y del corazón, que ni la ciencia ni la religión están en aptitud de satisfacer? La magia, en la medida en que busca, al menos empíricamente, conciliar y conjugar los poderes de la naturaleza y los del deseo, ¿tendrá la posibilidad de ser rehabilitada, al menos en su principio? Esa rehabilitación ¿sería peligrosa, desastrosa o deseable?

Lo específico de la magia consiste en concebir al universo como un todo en el que las partes están unidas por una corriente de secreta simpatía. El todo está animado y cada parte está en comunicación viviente con ese todo. O para decirlo con la fórmula de los estoicos: *Sympátheia tôn hóln*. De ahí que el objeto mágico sea siempre doble o triple y que alternativamente se cubra o desnude ante nuestros ojos, ofreciéndose como *lo nunca visto y lo ya visto*. Todo tiene afán de salir de sí mismo y transformarse en su próximo o en su contrario: esta silla puede convertirse en árbol, el árbol en pájaro, el pájaro en muchacha, la muchacha en grano de granada que picotea otro pájaro en el patio de un palacio persa. El objeto mágico abre ante nosotros su abismo relampagueante: *nos invita a cambiar y a ser otros sin dejar de ser nosotros mismos*. El interés moderno por el «arte mágico» no expresa una nueva curiosidad estética, sino que tiene raíces bastante más hondas: sabemos que nuestro ser es siempre sed de ser «otro» y que sólo seremos nosotros mismos si somos capaces de ser otro. Le pedimos al arte el secreto del cambio y buscamos en toda obra, cualesquiera que sean su época y su estilo, ese poder de metamorfosis que constituye la esencia del acto mágico.

Es evidente que nadie se propone volver a las prácticas mágicas de nuestros antepasados (aunque ya no es posible considerarlas como meras y estúpidas supersticiones). Pero la magia — o más exactamente: la concepción del mundo como una vasta *society of life*,[3] de la cual arrancan magia, poesía, mito, filosofía y ciencia — es algo siempre presente en la conciencia de los hombres, al grado de confundirse con su ser mismo. Sobre esta visión del hombre y de la naturaleza se edificaron los sistemas de la filosofía, los dogmas de las religiones y las teorías de la ciencia. Una y otra vez esos edificios se han derrumbado, pero siempre han dejado intacto este sentimiento original. Sin duda, la manera propia de ser del hombre — su manera más inmediata, original y antigua — es sentirse a sí mismo como parte de un todo viviente. Y esto se hace patente en las dos notas extremas de nuestras posibilidades vitales: soledad y comunión. En efecto, ya nos sintamos separados, desarraigados, arrojados al mundo o ya nos instalemos en su centro con la naturalidad del que regresa a su casa, nuestro sentimiento fundamental es el de formar parte de un todo. En nuestro tiempo la nota predominante es la soledad. El hombre se siente cortado del fluir de la vida; y para compensar esta sensación de orfandad y mutilación acude a toda clase de sucedáneos: religiones políticas, embrutecedoras diversiones colectivas, promiscuidad sexual, guerra total, suicidio en masa, etcétera. El carácter impersonal y destructivo de nuestra civilización se acentúa a medida que el sentimiento de soledad crece en las almas. «Cuando mueren los dioses», decía Novalis, «na-

[3] E. Cassirer. *An Essay on Man.*

cen los fantasmas». Nuestros fantasmas han encarnado en divinidades abstractas y feroces: instituciones policiacas, partidos políticos, jefes sin rostro. En estas circunstancias, volver a la magia no quiere decir restaurar los ritos de fertilidad o danzar en coro para atraer la lluvia, sino usar de nuevo los poderes de exorcismo de la vida: restablecer nuestro contacto con el todo y tornar erótica, eléctrica, nuestra relación con el mundo. *Tocar con el pensamiento y pensar con el cuerpo.* Abrir las compuertas, recobrar la unidad. Asimilar, en suma, la antigua y aún viviente concepción del universo como un orden amoroso de correspondencias y no como una ciega cadena de causas y efectos. Asumir la realidad de la magia no entraña aceptar la realidad de los fantasmas de la magia, sino volver a sus principios, que son el origen mismo del hombre.

Nuestra actitud ante la magia no puede ser distinta de la que propone André Malraux frente a la religión: «Desde hace cincuenta años la psicología reintegra los demonios al hombre. La tarea del siglo próximo será la de reintegrar a los dioses.» Si la historia del hombre puede concebirse como la de su enajenación en beneficio de sus propias creaciones míticas, ¿por qué el hombre de hoy no ha de realizar la operación inversa y no ha de iniciar la reconquista de sí mismo?

La actitud del surrealismo ante la inspiración muestra el camino que podría seguirse. Como es sabido, hasta el Renacimiento la inspiración fue considerada como un misterio. Lo mismo para Platón que para Dante la inspiración era una revelación sobrenatural: un numen hablaba por boca del poeta. Pero era un misterio, no un problema: nada más natural que lo sobrenatural encarnase en los hombres y hablase su lenguaje. Desde Descartes nuestra noción de la realidad exterior se ha transformado radicalmente: los antiguos poderes divinos se han evaporado y la naturaleza ha dejado de ser un todo viviente. Desapareció así la antigua idea del mundo sin que, por otra parte, desapareciese la inspiración, que siguió siendo «la otra voz», la «voz extraña» por definición. Mas en un mundo despoblado de dioses, ¿de quién podía ser esta «otra voz»? Entre la inspiración y nuestra idea del mundo se erigió un muro. La inspiración se transformó y de misterio sagrado se convirtió en problema psicológico. No es extraño que a lo largo del siglo XIX se multiplicasen las tentativas por atenuar o hacer desaparecer el escándalo de una realidad que era un desafío a la estructura misma del universo, tal como había sido pensado por filósofos y hombres de ciencia. La desazón de poetas y filósofos residía en su incapacidad para explicarse *como hombres modernos* un fenómeno que parecía negar los fundamentos mismos de la edad moderna: ahí, en el seno de la conciencia, en el yo, pilar del mundo, única roca que no se disgrega, aparecía de pronto un elemento extraño que destruía la unidad e identidad de la conciencia. Fue necesario que nuestra concepción del mundo se tambalease, esto es, que la edad moderna entrase en crisis, para que pudiese plantearse de modo cabal el problema. En la historia de la poesía ese momento se llama el surrealismo. A diferencia de sus predecesores inmediatos, los poetas surrealistas afirmaron la realidad experimental de la inpiración, sin postular su dependencia de un poder exterior (Dios, Historia, Economía, Libido, Musa, etcétera). La inspiración es algo que se da en el hombre, que se confunde con su ser mismo y que sólo puede explicarse por y en el hombre. Tal es el punto de partida del *Primer manifiesto*.

No es ésta ocasión para hacer un análisis de estas ideas, porque no son ellas, ni su exactitud, lo que interesa aquí. Lo decisivo fue el haber insertado a la inspiración en nuestra idea del mundo. Gracias al surrealismo la inspiración no es un misterio sobrenatural, ni una vana superstición o una enfermedad. Es una realidad que no está en contradicción con nuestras concepciones fundamentales, una posibilidad que se da a todos los hombres y que les permite ir más allá de sí mismos.[4] Pues bien, nuestra actitud ante la magia debe orientarse en el mismo sentido: hay que reducirla a términos humanos, examinarla como un hecho que se da en la conciencia del hombre y, aun más, considerarla como lo que es realmente: uno de los constituyentes de esa conciencia.

III. Ante un objeto perteneciente al «arte mágico», ¿cuáles son sus métodos de examen o de conocimiento?

A mi juicio el único método válido de conocimiento del «arte mágico» — como de todo arte — es la experiencia directa, desnuda y sin intermediarios. Lo único que cuenta es la espontaneidad de las reacciones personales. Este criterio no es tan arbitrario como a primera vista pudiera creerse, pues he advertido que todas las reacciones del espectador ante esta clase de obras —desde el horror hasta la fascinación — pueden reducirse a este esquema: sentimiento de encontrarse ante «lo otro», esto es, ante algo ajeno a nosotros y que nos repele pero que, sin embargo, nos invita a dar un paso adelante y confundirnos con su ser. Vértigo, extrañeza, reconocimiento. Horror y, simultáneamente, deseo de penetrar en aquello que de tal modo ataca y disgrega nuestra certidumbre de ser conciencia personal y autónoma. Los dos movimientos contrarios se reconcilian en el deseo de dar el «salto mortal» y alcanzar la «otra orilla». En suma, la gama de sensaciones — asombro, horror, vértigo, fascinación, caída en el objeto — evoca siempre la vieja imagen de la metamorfosis.

[4] He tratado de exponer y desarrollar las ideas apuntadas en este párrafo y el anterior en *El arco y la lira,* México, 1955.

IV. ¿Los objetos mágicos tienen posibilidades de inserción en su vida personal?

Me imagino que todos hemos poseído objetos mágicos, durante períodos más o menos largos. He observado que coinciden con épocas determinadas de nuestra vida pero que apenas cesa su poder — o el estado de ánimo que les otorgó esa misteriosa cualidad — desaparecen de nuestra vista para siempre. Una vez perdidos, no se les vuelve a encontrar. Me parece indispensable, sin embargo, hacer una distinción entre un «objeto mágico» — que no es, acaso, sino el inerte y temporal depositario de nuestra afectividad — y una obra de «arte mágico». En esta última residen — si de verdad es obra de arte — indudables poderes de fascinación que no dependen sólo de la subjetividad, aunque necesiten para revelarse de esa simpatía sin la cual no hay relación entre la obra y el espectador. Toda obra de arte guarda en sí un indudable poder de encarnación y revelación: es una permanente posibilidad de metamorfosis, abierta a todos los hombres.

México, 1955

VISITA A UN POETA

Después de veinte minutos de caminar por la carretera, bajo el sol de las tres, llegué por fin al recodo. Torcí hacia la derecha y empecé a trepar la cuesta. A trechos los árboles que bordeaban la senda daban un poco de frescura. El agua corría por una acequia, entre hierbas. Crujía la arena bajo mis zapatos. El sol estaba en todas partes. En el aire había un olor a hierba verde y caliente, con sed. No se movía un árbol ni una hoja. Unas cuantas nubes descansaban pesadamente, ancladas en un golfo azul, sin olas. Cantó un pájaro. Me detuve: «¡Cuánto mejor sería tenderme bajo este olmo! El sonido del agua vale más que todas las palabras de los poetas.» Y seguí caminando, por otros diez minutos. Cuando llegué a la granja unos niños rubios jugaban, en torno a un abedul. Les pregunté por el dueño; sin dejar de jugar me contestaron: «Está arriba, en la cabaña.» Y me señalaron la punta de la colina. Eché a andar de nuevo. Caminaba ahora entre hierbas altas, que me daban a la rodilla. Cuando llegué a la cima pude ver todo el pequeño valle: las montañas azules, el arroyo, el llano de un verde luminoso y, al fondo, el bosque. El viento empezó a soplar; todo se mecía, casi alegremente. Cantaban todas las hojas. Me dirigí hacia la cabaña. Era una casita de madera vieja y despintada, grisácea por los años. Las ventanas no tenían cortinas; me abrí paso entre las hierbas y me asomé. Adentro, sentado en un sillón, estaba el viejo. A su lado descansaba un perro lanudo. Al verme, se levantó y me hizo señas para que diera la vuelta. Di un rodeo y lo encontré, en la puerta de la cabaña, esperándome. El perro me recibió saltando. Cruzamos un pasillo y entramos en una pequeña habitación: piso sin pulir, dos sillas, un sillón azul, otro rojizo, un escritorio con unos cuantos libros, una mesita con papeles y cartas. En las paredes tres o cuatro grabados, nada notables. Nos sentamos.

—Hace calor, eh. ¿Le gustaría tomar una cerveza?

—Sí, creo que sí. He caminado media hora y me siento fatigado.

Bebimos la cerveza despacio. Mientras bebía mi vaso, lo contemplaba. Con su camisa blanca abierta — ¿hay algo más limpio que una camisa blanca limpia? —, sus ojos azules, inocentes e irónicos, su cabeza de filósofo y sus manos de campesino, parecía un viejo sabio, de esos que prefieren ver al mundo desde su retiro. Pero no había nada ascético en su apariencia sino una sobriedad viril. Estaba allí, en su cabaña, retirado del mundo, no para renunciar a él sino para contemplarlo mejor. No era un ermitaño ni su colina era una roca en el desierto. El pan que comía no se lo habían llevado los tres cuervos; él mismo lo había comprado en la tienda del pueblo.

—El sitio es realmente hermoso. Casi no me parece real. Este paisaje es muy distinto al nuestro, más para los ojos del hombre. Y las distancias también están más hechas para nuestras piernas.

—Mi hija me ha dicho que el paisaje de su país es muy dramático.

—La naturaleza es hostil allá abajo. Además, somos pocos y débiles. Al hombre lo devora el paisaje y siempre hay el peligro de convertirse en cacto.

—Me han dicho que los hombres se están quietos por horas enteras, sin hacer nada.

—Por las tardes se les ve, inmóviles, al borde de los caminos o a la entrada de los pueblos.

—¿Así piensan?

—Es un país que un día se va a convertir en piedra. Los

árboles y las plantas tienden a la piedra, lo mismo que los hombres. Y también los animales: perros, coyotes, serpientes. Hay pajaritos de barro cocido y es muy extraño verlos volar y oírlos cantar, porque uno no se acaba de acostumbrar a la idea de que son pájaros de verdad.

—Le voy a contar algo. Cuando tenía quince años escribí un poema, mi primer poema. ¿Y sabe usted cuál era el tema? La Noche Triste. En ese tiempo leía a Prescott y quizá su lectura me hizo pensar en su país. ¿Ha leído a Prescott?

—Era una de las lecturas favoritas de mi abuelo, de modo que lo leí cuando era niño. Me gustaría volver a leerlo.

—A mí también me gusta releer los libros. Desconfío de la gente que no relee. Y de los que leen muchos libros. Me parece una locura esta manía moderna, que sólo aumentará el número de los pedantes. Hay que leer bien y muchas veces unos cuantos libros.

—Una amiga me cuenta que han inventado un método para desarrollar la velocidad en la lectura. Creo que lo piensan imponer en las escuelas.

—Están locos. A lo que hay que enseñar a las gentes es a que lean despacio. Y a que no se muevan tanto. ¿Y sabe usted por qué inventan todas esas cosas? Por miedo. La gente tiene miedo a detenerse en las cosas, porque eso los compromete. Por eso huyen de la tierra y se van a las ciudades. Tienen miedo de quedarse solos.

—Sí, el mundo está lleno de miedo.

—Y los poderosos se aprovechan de ese miedo. Nunca había sido tan despreciada la vida individual y tan reverenciada la autoridad.

—Claro, es más fácil que vivan por uno, que decidan por uno. Hasta morir es más fácil, si se muere por cuenta de otro. Estamos invadidos por el miedo. Hay el miedo del hombre del común, que se entrega al fuerte. Pero hay también el miedo de los poderosos, que no se atreven a estar solos. Por miedo se aferran al poder.

—Aquí la gente abandona la tierra para ir a trabajar en las fábricas. Y cuando regresan ya no les gusta el campo. El campo es difícil. Hay que estar siempre alerta y uno es el responsable de todo y no nada más de una parte, como en la fábrica.

—El campo es, además, la experiencia de la soledad. No se puede ir al cine, ni refugiarse en un bar.

—Exactamente. Es la experiencia de la libertad. Es como la poesía. La vida es como la poesía, cuando el poeta escribe un poema. Empieza por ser una invitación a lo desconocido: se escribe la primera línea y no se sabe lo que hay después. No se sabe si en el próximo verso nos espera la poesía o si vamos a fracasar. Y esa sensación de peligro mortal acompaña al poeta en toda su aventura.

—En cada verso nos aguarda una decisión y no nos queda el recurso de cerrar los ojos y dejar que el instinto obre por sí solo. El instinto poético consiste en una tensión alerta.

—En cada línea, en cada frase está escondida la posibilidad de fracasar. Y de que fracase todo el poema, no únicamente ese verso aislado. Y así es la vida: en cada momento podemos perderla. En cada momento hay un riesgo mortal. Y cada instante es una elección.

—Tiene usted razón. La poesía es la experiencia de la libertad. El poeta se arriesga, se juega el todo por el todo del poema en cada verso que escribe.

—Y no se puede uno arrepentir. Cada acto, cada verso, es irrevocable, para siempre. En cada verso uno se compromete para siempre. Pero ahora la gente se ha vuelto irresponsable. Nadie quiere decidir por sí mismo. Como esos poetas que imitan a sus antecesores.

—¿No cree usted en la tradición?

—Sí, pero cada poeta ha nacido para expresar algo suyo.

163

Y su primer deber es negar a sus antepasados, a la retórica de los anteriores. Cuando empecé a escribir me di cuenta de que no me servían las palabras de los antiguos; era necesario que yo mismo me creara mi propio lenguaje. Y ese lenguaje — que sorprendió y molestó a algunas personas — era el lenguaje de mi pueblo, el lenguaje que rodeó mi infancia y mi adolescencia. Tuve que esperar mucho tiempo para encontrar mis palabras. Hay que usar el lenguaje de todos los días...

—Pero sometido a una presión distinta. Como si cada palabra hubiera sido creada solamente para expresar ese momento particular. Porque hay una cierta fatalidad en las palabras; un escritor francés dice que las «imágenes no se buscan, se encuentran». No creo que quiera decir que el azar preside a la creación sino que una *fatal elección* nos lleva a ciertas palabras.

—El poeta crea su propio lenguaje. Y luego debe luchar contra esa retórica. Nunca debe abandonarse a su estilo.

—No hay estilos poéticos. Cuando se llega al estilo, la literatura sustituye a la poesía.

—Ésa era la situación de la poesía nortemericana cuando empecé a escribir. Allí empezaron todas mis dificultades y mis aciertos. Y ahora quizá sea necesario luchar contra la retórica que hemos creado. El mundo da vueltas y lo que ayer estaba arriba hoy está abajo. Hay que mofarse un poco de todo esto. No hay que tomar nada muy en serio, ni siquiera las ideas. O mejor dicho, precisamente porque somos muy serios y apasionados, debemos reírnos un poco. Desconfíe de los que no saben reír.

Y se reía con una risa de hombre que ha visto llover y, también, de hombre que se ha mojado. Nos levantamos y salimos a dar una vuelta. Bajamos por la colina. El perro saltaba delante de nosotros. Al salir me dijo:

—Y sobre todo, desconfíe de los que no saben reírse de sí mismos. Poetas solemnes, profesores sin humor, profetas que sólo saben aullar y discursear. Todos esos hombres son peligrosos.

—¿Lee usted a los modernos?

—Leo siempre poesía. Me gusta leer la poesía de los jóvenes. Y también a algunos filósofos. Pero no soporto las novelas. Creo que nunca he leído una.

Seguimos caminando. Al llegar a la granja, nos rodearon los niños. Ahora el poeta me hablaba de su infancia, de los años de San Francisco y del regreso a Nueva Inglaterra.

—Ésta es mi tierra y creo que aquí está la raíz de la nación. De aquí brotó todo. ¿Sabe usted que el Estado de Vermont se negó a participar en la guerra contra México? Sí, de aquí brotó todo. De aquí surgió el deseo de internarse en lo desconocido y el deseo de quedarse a solas con uno mismo. A eso hemos de volver si queremos preservar lo que somos.

—Me parece muy difícil. Son ustedes ahora muy ricos.

—Hace años pensé irme a un pequeño país, adonde no llegara el ruido que hacen todos. Escogí Costa Rica; cuando preparaba mi viaje supe que allá también una compañía norteamericana hacía de las suyas. Y desistí. Por eso estoy aquí, en Nueva Inglaterra.

Llegamos al recodo. Vi el reloj: habían pasado más de dos horas.

—Creo que me debo ir. Me esperan allá abajo, en Bread Loaf.

Me tendió la mano:

—¿Sabe el camino?

—Sí — le contesté. Y le estreché la mano. Cuando me había alejado unos pasos, oí su voz:

—¡Vuelva pronto! Y cuando regrese a Nueva York, escríbame. No lo olvide.

Le contesté con la cabeza. Lo vi subir la senda jugando con su perro. «Y tiene setenta años», pensé. Mientras caminaba, de regreso, me acordé de otro solitario, de otra visita. «Creo que a Robert Frost le hubiera gustado conocer a Antonio Machado. Pero, ¿cómo se hubieran entendido? El español no hablaba inglés y éste no conoce el castellano. No importa, hubieran sonreído. Estoy seguro de que se habrían hecho amigos inmediatamente.» Me acordé de la casa de Rocafort, en Valencia, del jardín salvaje y descuidado, de la sala y los muebles empolvados. Y Machado, con el cigarro apagado en la boca. El español también era un viejo sabio retirado del mundo y también se sabía reír y también era distraído. Como al norteamericano, le gustaba filosofar, no en los colegios sino al margen. Sabios de pueblo; el americano en su cabaña, el español en su café de provincia. Machado también profesaba horror a lo solemne y tenía la misma gravedad sonriente. «Sí, el sajón tiene la camisa más limpia y hay más árboles en su mirada. Pero la sonrisa del otro era más triste y fina. Hay mucha nieve en los poemas de éste, pero hay polvo, antigüedad, historia, en los del otro. Ese polvo de Castilla, ese polvo de México, que apenas se toca se deshace entre las manos...»

Vermont, junio de 1945

ANTONIO MACHADO

Prosa y poesía, vida y obra, se funden con naturalidad en la figura de Antonio Machado. Su canto también es pensamiento; su pensamiento, reflexión del canto sobre sí mismo. Por la poesía, Machado sale de sí, aprehende al tiempo y a las formas en que éste se despliega: el paisaje, la amada, el limonero junto al muro blanco; por el pensamiento, se recobra, se aprehende a sí mismo. Poesía y reflexión son operaciones vitales. Pero su vida no sustenta a su obra. Más bien es a la inversa: la vida de Machado, el opaco profesor de Soria, el solitario distraído, se apoya en la obra de Machado, el poeta, el filósofo. Del mismo modo que sus primeros poemas sólo pueden ser comprendidos cabalmente a la luz de sus últimas meditaciones, su vida sólo es inteligible a partir de su obra. Es una creación suya. Y de su muerte. A partir de su muerte, su vida cobra plena significación; o más exactamente: cuando muere, dos días después de haber cruzado la frontera francesa con los restos del Ejército Popular, su vida se realiza al fin, se consuma. Antes sólo había sido sueño y reflexión: soñar o soñar que soñaba, aspiración a realizarse en algo ajeno a él pero a cuyo contacto podría llegar a ser él mismo. Decía Machado que él no había asistido al acto más importante de su vida, aunque muchas veces lo había recordado en sueños: la tarde en que sus padres se encontraron por primera vez y se enamoraron. Estoy seguro de que, al morir, hizo algo más que recordar aquel encuentro: los enamorados de aquella tarde de sol, agua y velas a orillas del Guadalquivir empezaron a existir de verdad.

No hay que confundir la naturalidad con la simplicidad. Nadie más natural que Machado; nada más reticente que esa naturalidad. Su poesía es clara como el agua. Clara como el agua corriente y, como ella, inasible. Las máscaras — Abel Martín, Juan de Mairena — con que el poeta Machado se cubre el rostro, para que hable con mayor libertad el filósofo Machado, son máscaras transparentes. Tras esa transparencia, Machado desaparece. Se evade, por «fidelidad a su propia máscara». Abel Martín, metafísico de Sevilla, Juan de Mairena, profesor de gimnasia y retórica, inventor de una máquina de cantar, son y no son Machado: el poeta, el filósofo, el profesor de francés, el jacobino, el enamorado, el solitario. La máscara, idéntica al rostro, es reticente. Cada vez que se entrega, sonríe: hay algo que no acaba de ser expresado. Para entender la metafísica erótica de Abel Martín debemos acudir a los comentarios de Juan de Mairena. Éstos nos llevan a los poemas de Machado. Cada personaje nos envía a otro. Cada fragmento es el eco, la alusión y la cifra de una secreta totalidad. Por eso es imposible estudiar parcialmente su obra. Hay que abrazarla como un todo. O mejor dicho: hay que abrazar a cada una de sus partes como una totalidad, pues cada una es el reflejo de esa unidad escondida.

La obra de Machado es indivisible pero posee diversos estratos. Cada estrato transparenta otro. La claridad de Machado es vertiginosa. Leerlo es ahondar, penetrar en una transparencia sin fin: en una conciencia que se refleja a sí misma. Las máscaras de Machado parecen decirnos que son algo más que máscaras: son las formas en que se ha fijado un rostro perpetuamente móvil. La reticencia es una provocación y no tiene otro objeto que aguijonear nuestra sed. Machado, el ensimismado, sabe que sólo puede revelarse en otro, en un contrario que es un complemento: el poeta en el filósofo, el enamorado en la ausencia, el solitario en la muchedumbre, el prisionero del yo en el tú de la amada o en el nosotros del pueblo.

Abel Martín interroga a su creador: quiere saber quién fue el poeta Antonio Machado y qué quiso decir con sus poemas. Acaso, insinúa, nada que sea radicalmente distinto a lo que expresa su prosa o a lo que afirman, con mayor claridad y concisión, su vida y su muerte: el yo, la conciencia de sí, es la manera de existir propia del hombre moderno. Es su condición fundamental, a ella le debe todo lo que es. Mas es una condición que lo asfixia y que acaba por mutilarlo. Para ser, para que el yo se realice y logre su plenitud, es necesaria la conversión: el yo aspira al tú, lo uno a lo otro, «el ser es avidez de ser lo que él no es». Pero la razón se obstina en permanecer idéntica a sí misma y reduce el mundo a su imagen. Al afirmarse, niega la objetividad. Abel Martín reputa como aparenciales todas las formas en que la conciencia aprehende la objetividad, porque en todas ellas el objeto se reduce a la tiranía de la subjetividad. Sólo en el amor es posible aprehender lo radicalmente «otro» sin reducirlo a la conciencia. El objeto erótico — «que se opone al amante como un imán que atrae y repele» — no es una representación sino una verdadera presencia: «la mujer es el anverso del ser». Al aprehender al irreductible objeto erótico — la frase no es contradictoria porque el objeto no es irreductible sino para la razón — el amante roza las fronteras de la verdadera objetividad y se trasciende, se vuelve otro. Machado es el poeta del amor, nos dice su máscara, el filósofo Abel Martín.

En los poemas de Machado el amor aparece casi siempre como nostalgia o recuerdo. El poeta sigue preso en la subjetividad: «la amada no acude a la cita; la amada es ausencia». El erotismo metafísico de Machado no tiene nada de platónico. Sus mujeres no son arquetipos sino seres de carne; mas su realidad es fantasmal: son presencias vacías.

Y su enamorado es Onán o don Juan, los dos polos del amor solitario. Amada y amante coinciden sólo en la ausencia, presos ambos en la temporalidad, que los lanza fuera de sí y que al mismo tiempo los aísla. La ausencia es la forma más pura de la temporalidad. El diálogo erótico se transforma en monólogo: el del amor perdido, el del amor soñado. El poeta está a solas con el tiempo, frente al tiempo. La poesía de Machado no es un canto de amor: al contar el tiempo, lo canta. Machado es el poeta del tiempo, nos dice su crítico, Juan de Mairena.

Poeta del tiempo, Machado aspira a crear un lenguaje temporal que sea palabra viva en el tiempo. Desdeña el arte barroco porque éste mata al tiempo, al pretender encerrarlo en cárceles conceptuales. Él quiere tenerlo vivo, como Bécquer y Velázquez, esos «enjauladores del tiempo». La poesía del tiempo será aquella que esté más lejos del idioma conceptual: el habla concreta, fluida, común y corriente: el habla popular. Su amor por la palabra del pueblo se funde con su amor por la poesía tradicional: Manrique y el Romancero. El tradicionalismo de Machado es lo contrario de lo que se llama el «culto al pasado»; más bien se trata de un culto al presente, a lo que está presente siempre. Es un poeta tradicional porque el pueblo es la única tradición viva de España. El resto — Iglesia, Aristocracia, Milicia: el Pasado — es una estructura hueca que, por su pretensión misma de intemporalidad, oprime y mutila al presente vivo, a la España popular y tradicional.

Ahora bien, el lenguaje del tiempo acaso no sea el lenguaje hablado en las viejas ciudades de Castilla. Al menos, no es el de nuestro tiempo. No son ésas nuestras palabras. El idioma de la urbe moderna, según lo vieron Apollinaire y Eliot, es otro. Machado reacciona frente a la retórica de Rubén Darío volviendo a la tradición; pero otras aventuras — y no el regreso al Romancero — aguardaban a la poesía de lengua española. Años más tarde, Huidobro, Vallejo, Neruda y otros poetas hispanoamericanos buscan y encuentran el nuevo lenguaje: el de nuestro tiempo. Era imposible seguir a Machado y a Unamuno en su regreso a las formas tradicionales y de ahí su escasa influencia en los nuevos poetas. Otro tanto debe decirse del «españolismo» de algunos de sus poemas (en el sentido, un tanto cerrado e irrespirable, que esa palabra tiene para nosotros los hispanoamericanos). La reticencia aparece aquí con mayor claridad y se vuelve ambivalencia. Pues Machado — a la inversa de Juan Ramón Jiménez — es el primero que adivina la muerte de la poesía simbolista; y más: es el único entre sus contemporáneos y sucesores inmediatos que tiene conciencia de la situación del poeta en el mundo moderno. Al mismo tiempo, cierra los ojos ante la aventura del arte moderno. Esta aventura, como es sabido, consiste sobre todo en descubrir la poesía de la ciudad, en trasmutar el lenguaje de la urbe y no en regresar al idioma de la poesía tradicional. Machado comprendió nuestra situación pero su poesía no la expresa. En este sentido su prosa es más fecunda que su poesía.

El tiempo se le escapa. Para recobrarlo, para revivirlo, tendrá que pensarlo. El poeta del tiempo es también su filósofo. La reflexión sobre el tiempo lo conduce a pensar en la muerte. El hombre se proyecta en el tiempo: toda vida es proyección en un tiempo que no tiene más perspectiva que la muerte. Machado se enfrenta a la muerte pero no la piensa a la estoica, como algo radicalmente distinto a la vida, o a la cristiana — como tránsito o salto de este mundo al otro. La muerte es una parte de la vida. Vida y muerte son dos mitades de una misma esfera. El hombre se realiza en la muerte. Sólo que, al contrario de lo que pensaba Rilke, para el poeta español la muerte no es la realización del yo: *el yo es irrealizable*. Preso en la subjetividad, preso en el tiempo, el hombre se realiza cuando se trasciende: *cuando se hace otro*. La muerte nos realiza cuando, lejos de morir nuestra muerte, morimos con otros, por otros y para otros.

En uno de los últimos textos que poseemos de Machado, escrito poco antes de la caída de Barcelona, el poeta nos dice que el héroe, el soldado popular, los milicianos españoles, «son los únicos que realizan esa libertad para la muerte de que habla Heidegger». Y agrega: «la súbita desaparición del *señorito* y la no menos súbita aparición del *señorío* en los rostros milicianos son dos fenómenos concomitantes. Porque la muerte es cosa de hombres y sólo el hombre, nunca el *señorito,* puede mirarla cara a cara». Para morir por otros hay que vivir por otros, afirmar hasta la muerte la vida de los otros. Machado, al final de su vida, niega a los enemigos del pueblo español la posibilidad de trascenderse, de dar con su muerte vida a los otros. Esas gentes están condenadas a mal morir, a morir solas. Su muerte es estéril.

La meditación sobre la muerte se convierte así en una nueva reflexión sobre lo que él mismo llamaba «la esencial heterogeneidad del ser». El ser es erotismo puro, sed de «otredad»: el hombre se realiza en la mujer, el yo en la comunidad. La poesía más personal será aquella que exprese la visión más universal y común. Machado se da cuenta de que hay una contradicción entre su canto y su pensamiento. Y justifica así su lírica personal: el poeta moderno se canta a sí mismo porque no encuentra temas de comunión. Vivimos el fin de un mundo y de un estilo de pensar: el fin del lirismo burgués, el fin del yo cartesiano. En las fronteras del amor y de la muerte, encerrado en su soledad, el poeta canta el canto del tiempo: cuenta las horas que faltan para que caigan todas las máscaras y el hombre, libre al fin de sí mismo, se reconcilia con el hombre. Sólo el pueblo, «el hijo tardío de la agotada burguesía», gracias a la transformación revolucionaria que operará sobre la condición humana, podrá romper la cáscara de la subjetividad, la cárcel de cristal de roca del yo cartesiano. La metafísica erótica de Abel Martín, la angustia del tiempo de Juan de

Mairena, la soledad de Antonio Machado, desembocan en la historia.

Machado ha intuido los temas esenciales de la poesía y la filosofía de nuestro tiempo. Su visión del ser como *heterogeneidad* y *otredad* me parece que toca la entraña misma, el tema central de la filosofía contemporánea; su desconfianza frente a la dialéctica hegeliana — fuente de tantos males de nuestra época — y su insistencia en examinar con ojos nuevos el principio de identidad, muestran asimismo, y con gran hondura, que la crítica que se hace la filosofía a sí misma y a sus fundamentos coincide con las aspiraciones más altas de la poesía. Novalis pensaba que «la lógica superior aboliría el principio de contradicción». La obra de Machado ofrece una vía para alcanzar esa lógica futura. Por otra parte, nadie ha vivido entre nosotros con mayor lucidez el conflicto del poeta moderno, desterrado de la sociedad y, al fin, desterrado de sí mismo, perdido en el laberinto de su propia conciencia. El poeta no se encuentra a sí mismo porque ha perdido a los demás. Todos hemos perdido la voz común, la objetividad humana y concreta de nuestros semejantes. Nuestro poeta vivió valerosamente esta contradicción. Siempre se rehusó a la trascendencia que le ofrecía la creencia en un Dios creador. Para Machado la divinidad es una criatura del hombre (Dios es el autor del «gran Cero» y su única creación es la nada). Blasfemo y reticente, apasionado y escéptico, Machado se rehúsa a todo, excepto al hombre. Mas su punto de partida — y en esto reside su gran originalidad y la fecundidad de su obra — no es la conciencia de sí sino la ausencia, la nostalgia del tú. Ese tú no es la objetividad genérica del fiel de un partido o de una iglesia. El tú del poeta es un ser individual, irreductible. Metafísica concreta, metafísica del amor y, digamos la palabra, de la *caridad*.

Por una operación de dialéctica amorosa, el hombre de Machado sólo se encuentra cuando se entrega. Hay un momento en que el tú del amor se convierte en el nosotros. En 1936, a la luz del incendio de las iglesias, el poeta pudo contemplar por primera vez la aparición de ese nosotros en el cual todas las contradicciones se resuelven. Bajo las llamas purificadoras, el rostro del pueblo español no era diverso al del amor y al de la muerte. La libertad había encarnado. Abel Martín, Juan de Mairena, Antonio Machado no estaban solos. Habían dejado de ser máscaras: empezaban a ser. Podían morir: habían vivido.

París, abril de 1951

VIVACIDAD DE JOSÉ MORENO VILLA

Se dice con frecuencia que nuestro verdadero rostro es el de muertos. En él todo lo que fuimos — y todo lo que quisimos y no pudimos ser — se muestra, al fin, desnudo, irrevocable y ya sin amenaza de cambio. Confieso que esta creencia nunca ha conquistado completamente mi adhesión. Inclusive para aquellos que la esperan como algo siempre inminente, la muerte es una sorpresa. En balde filosofía y religiones nos predican el arte de bien morir; somos mortales pero vivimos como si fuésemos eternos. Todas las caras de muerto que he visto revelan que el difunto luchó hasta el final y que ni siquiera en el instante de su vencimiento se reconcilió con la idea de no ser. Lo que nos horroriza en los muertos es el rictus de insatisfacción que marca sus rostros y la vanidad de este rictus. No, el rostro del hombre no es su cara de muerto. A lo largo de toda vida hay momentos en que nuestra cara se ilumina con la luz del amor, la imaginación, la fantasía o la inteligencia. ¿Y qué importa la duración de ese momento, si lo que cuenta es la plenitud que lo levanta y lo hace único, no como algo que estuviese fuera del tiempo sino como el tiempo mismo, por fin desnudo y henchido de significación? En momentos así el rostro del hombre se vuelve transparente y en sus rasgos podemos leer la promesa de una vida más densa y rica, más plena y *vida*.

La permanencia de un rostro se mide por su vivacidad. Yo no vi la cara de muerto de Moreno Villa pero puedo recordar ahora — con una claridad instantánea que la palabra no puede reproducir — los rostros sucesivos que le conocí, desde aquel ya remoto de la «foto» que aparece en la primera edición de la antología de Gerardo Diego hasta el último de hace unos meses, ya comido por la enfermedad. Y el de una tarde de 1938, recién llegado de España, hojeando libros en la Antigua Librería Robredo; las diferentes caras de muchos años de diaria tertulia en el Café París, con Barreda, Villaurrutia y otros amigos; caminando en la noche por el Paseo de la Reforma, con Larrea y León Felipe; una mañana de hace ocho meses, bebiendo cerveza con Luis Cernuda...

Rostros de Moreno Villa, nunca esculpidos ni dibujados, siempre móviles, cambiantes, saltando del asombro al desgano: viveza, lirismo, melancolía, elegancia sin sombra de afectación. Nunca pesado ni insistente. Moreno Villa pájaro. Pero ¿qué clase de pájaro? Ni águila, ni cóndor, ni albatros, ni ruiseñor, lechuza, cuervo o gerifalte. Ave fantástica. Ave rara. Y sin embargo, familiar de nuestro cielo y tierra. Ser compuesto de muchas cosas: urbanidad, naturalidad, reserva, ternura, humor, fantasía, soledad. Sobre todo: soledad. Pájaro solitario, aunque sin rehuir el trato de sus semejantes. (Voluntariamente se había cortado las uñas y las garras que otros literatos se afilan cada día.) Gesto de pájaro en su árbol, de poeta en su nube, bien arraigado en su cielo; ojos de ave que vuela alto y ve hondo, con los que vio y describió hombres y telas y monumentos de España y México; garganta de pájaro que canta no por placer sino por fatalidad libremente aceptada, garganta un poco seca por la sed y el aire solitario de la altura; pico rompe-nubes, proa para la navegación interior. Y alas. No sabía ni podía caminar entre la turba: alas para volar. Los rostros de Moreno Villa se me disuelven en un batir de alas: ya no hay rostro amigo, ha desaparecido la persona que llamábamos Moreno Villa, no existe ya ese islote que resistía la marea creciente de la estupidez ciudadana, se ha ido el pájaro familiar y remoto, no hay nada ya

en que se apoye nuestra amistad excepto unos cuantos
poemas, unos libros en prosa, unos cuadros, todo como
escrito con lápiz, más dibujado que escrito, más apuntado
que dibujado, más presentido que apuntado; no hay nada
ya sino un gesto vivo en el aire, rumor de alas, estremeci-
miento y vibración del aire movido por las alas de un pá-
jaro que ya no está, que se ha ido y nos ha dejado — pren-
da, promesa y revelación de un mundo menos sórdido —
unas cuantas plumas incomparables.

México, 1955

RECOGED ESA VOZ...

En una cárcel de su pueblo natal, Orihuela, ha muerto Miguel Hernández. Ha muerto solo, en una España hostil, enemiga de la España en que vivió su juventud, adversaria de la España que soñó su generosidad. Que otros maldigan a sus victimarios; que otros analicen y estudien su poesía. Yo quiero recordarlo.

Lo conocí cantando canciones populares españolas, en 1937. Poseía voz de bajo, un poco cerril, un poco de animal inocente: sonaba a campo, a eco grave repetido por los valles, a piedra cayendo en un barranco. Tenía ojos oscuros de avellano, limpios, sin nada retorcido o intelectual; la boca, como las manos y el corazón, era grande y, como ellos, simple y jugosa, hecha de barro por unas manos puras y torpes; de mediana estatura, más bien robusto, era ágil, con la agilidad reposada de la sangre y los músculos, con la gravedad ágil de lo terrestre: se veía que era más prójimo de los potros serios y de los novillos melancólicos que de aquellos atormentados intelectuales compañeros suyos; llevaba la cabeza casi rapada y usaba pantalones de pana y alpargatas: parecía un soldado o un campesino. En aquella sala de un hotel de Valencia, llena de humo, de vanidad y, también, de pasión verdadera, Miguel Hernández cantaba con su voz de bajo y su cantar era como si todos los árboles cantaran. Como si un solo árbol, el árbol de una España naciente y milenaria, empezara a cantar de nuevo sus canciones. Ni chopo, ni olivo, ni encina, ni manzano, ni naranjo, sino todos ellos juntos, fundidas sus savias, sus aromas y sus hojas en ese árbol de carne y voz. Imposible recordarlo con palabras; más que en la memoria, «en el sabor del tiempo queda escrito».

Después lo oí recitar poemas de amor y de guerra. A través de los versos — y no sabría decir ahora cómo eran o qué decían esos versos —, como a través de una cortina de luz lujosa, se oía mugir y gemir, se oía agonizar a un animal tierno y poderoso, un toro quizá, muerto en la tarde, alzando los ojos asombrados hacia unos impasibles espectadores de humo. Y ya no quisiera recordarlo más, ahora que tanto lo recuerdo. Sé que fuimos amigos; que caminamos por Madrid en ruinas y por Valencia, de noche, junto al mar o por las callejuelas intrincadas; sé que le gustaba trepar a los árboles y comer sandías, en tabernas de soldados; sé que después lo vi en París y que su presencia fue como una ráfaga de sol, de pan, en la ciudad negra. Lo recuerdo todo, pero no quisiera recordarlo...

No quiero recordarte, Miguel, gran amigo de unos pocos días milagrosos y fuera del tiempo, días de pasión en los que, al descubrirte, al descubrir a España, descubrí una parte de mí, una raíz áspera y tierna, que me hizo más grande y más antiguo. Que otros te recuerden. Déjame que te olvide, porque el olvido de lo puro y de lo verdadero, el olvido de lo mejor, es lo que nos da fuerzas para seguir viviendo en este mundo de compromisos y reverencias, de saludos y ceremonias, maloliente y podrido. Déjame que te olvide, para que en este olvido siga creciendo tu voz, hurtada ya a tu cuerpo y a la memoria de los que te conocimos, libre y alta en los aires, desasida de este tiempo de miseria.

México, noviembre de 1942

LEGÍTIMA DEFENSA

La espléndida constelación poética que forman, entre
otras obras admirables, *Trilce, Altazor, Residencia en la
tierra, Muerte sin fin, Nostalgia de la muerte,* no parece
haber sido substituida por un sistema estelar de magnitud
semejante. Entre la luz de esos grandes nombres nocturnos
y la poesía solar que acaso se prepara ya en alguna parte
de América, hay un espacio neutro. Hora indecisa. Mas
en los últimos años han brotado, aquí y allá, signos y anun-
cios de una nueva época poética. En Cuba, el grupo de
«Orígenes»: Lezama Lima, Vitier, Eliseo Diego. En Perú,
en torno a la desaparecida revista *Las Moradas,* animada
por Westphalen y César Moro. En Buenos Aires, la poe-
sía luminosa y fácil de Enrique Molina (fácil en el sentido
en que son fáciles el crecer del árbol, la vegetación del mar
o la sucesión de imágenes del sueño), el decir concentrado
y ascético de Guirri, el boscoso lenguaje — ora sombrío
ora brillante — de Eduardo Lozano. En Chile, Nicanor
Parra, Braulio Arenas, Anguita, Gonzalo Rojas... Y cerca
de nosotros, en la pequeña Nicaragua, un grupo de poetas
que recogen el ejemplo de Salomón de la Selva: Coronel
Urtecho, el iniciador, que «si no ha creado muchos poe-
mas, en cambio ha creado a varios poetas»; Joaquín Pa-
sos, gran talento poético que antes de morir cantó la rebe-
lión de las cosas, como en el *Popol Vuh;* Pablo Antonio
Cuadra y tres jóvenes: Carlos Martínez Rivas, Ernesto Car-
denal y Ernesto Mejía Sánchez. Cada uno distinto. Cada
uno poseído por su propia palabra poética, dueña de un
pico que desgarra y de un ala que deslumbra. Mejía Sán-

chez inventa exorcismos para librarse de la suya, sin conseguirlo. Cardenal la echa a volar, palabra colibrí. Martínez Rivas la pule como un arma. Cada uno distinto, pero todos inclinados hacia el abismo, porque «de lo seguro salieron a reposar en lo inseguro», según dice Martínez Rivas. Atentos a esa palabra que «como lomo de paloma amarillea» y se resiste a la domesticidad y

> *Vuela saca las uñas duerme*
> *vive ahí*
> *¿en dónde? — ¡aquí aquí!, en el entornado*
> *desierto mundo del amanecer.*

Ahora, tras años de vagabundeo (dudando siempre entre «aprender a sentarse y empezar a tener una cara» o continuar la lucha con la poesía sin incurrir en el poema), con un gesto contradictorio, hosco y cordial a un tiempo, Carlos Martínez Rivas nos ofrece su primer libro: *La insurrección solitaria*. ¿Una nueva versión del poeta rebelde? Sí y no. Rebelión y aislamiento pero también búsqueda y reconocimiento de sí mismo y del mundo. A diferencia de otros rebeldes, Martínez Rivas no quiere ser dios, ángel o demonio; si pelea, es por alcanzar su cabal estatura de hombre entre los hombres. Su rebelión es contra lo inhumano. La rebelión solitaria es legítima defensa, pues ahí, enfrente, actual y abstracta como la policía, la propaganda o el dinero, se alza

> *La ola de la Tontería, la ola*
> *tumultuosa de los tontos, la ola*
> *atestada y vacía...*

El joven lucha contra la ola con uñas y dientes y palabras. Sobre todo con palabras, únicas armas del poeta. Palabras sacadas de su «propio negro corazón tornasol». De sí mismo saca los signos del poema, «las letras de hoy, los calamares en su tinta», y los ve saltar, negros sobre lo blanco del papel, y se hunde en ellos, y nada, traga amargura, rabia y amor, hasta que nace el canto «crédulo e irritado». Credulidad del canto puro, que entona con voz segura, aunque irritada, el poeta. Fidelidad a su palabra, «a su pentecostés privado», mientras retornan «esos tiempos que el hombre ya ha conocido antes». La poesía de Martínez Rivas es un canto de espera, un canto de presente entre los tiempos de antes y los venideros.

Esos tiempos de antes son los de la palabra en común que han de volver. Martínez Rivas escribe para ellos desde su hoyo presente, desde su agujero de escorpión, desde su nido de águila. Escribe solo, «retirado a su tos», porque hoy «la juventud no tiene donde reclinar la cabeza». Una y otra vez el joven se pone en pie, sale, rompe a hablar, toca con aire atónito el pecho de la gran diosa dormida, «piedra vestida por la sombra y desnudada por el sol». Y luego vuelve a sí mismo, vuelve a lo mismo: al cuerpo a cuerpo con la palabra, a su vocación de asir lo inasible, a acechar el mínimo remolino de la savia que avanza y estalla en frutos. A lo mismo de siempre: a dar nombres hermosos al caos amenazante. Un joven más entregado a la poesía; un nuevo, verdadero poeta — y la segura promesa de un gran poeta; y la lucha contra el amanecer y sus ruidos obscenos; y el empezar de cada día, inerme ante el idioma enemigo. Empezar y volver a empezar. La atroz y renovada profecía de Rimbaud: «Vendrán otros horribles trabajadores y comenzarán por los horizontes en donde el otro ha caído.» Carlos Martínez Rivas es uno de ellos.

México, 1954

EL POETA BUÑUEL

La aparición de *La edad de oro* y *El perro andaluz* señalan la primera irrupción deliberada de la poesía en el arte cinematográfico. Las nupcias entre la imagen fílmica y la imagen poética, creadoras de una nueva realidad, tenían que parecer escandalosas y subversivas. Lo eran. El carácter subversivo de los primeros films de Buñuel reside en que, apenas tocadas por la mano de la poesía, se desmoronan las fantasmales convenciones (sociales, morales o artísticas) de que está hecha nuestra realidad. Y de esas ruinas surge una nueva verdad, la del hombre y su deseo. Buñuel nos muestra que ese hombre maniatado puede, con sólo cerrar los ojos, hacer saltar el mundo. Esos films son algo más que un ataque feroz a la llamada realidad; son la revelación de otra *realidad* humillada por la civilización contemporánea. El hombre de *La edad de oro* duerme en cada uno de nosotros y sólo espera un signo para despertar: el del amor. Esta película es una de las pocas tentativas del arte moderno para revelar el rostro terrible del amor en libertad.

Un poco después Buñuel exhibe *Tierra sin pan*, un film documental que en su genéro es también una obra maestra. En esta película el poeta Buñuel se retira; calla, para que la realidad hable por sí sola. Si el tema de los films surrealistas de Buñuel es la lucha del hombre contra una realidad que lo asfixia y mutila, el de *Tierra sin pan* es el del triunfo embrutecedor de esa misma realidad. Así este documental es el necesario complemento de sus creaciones anteriores. Él las explica y las justifica. Por caminos distintos Buñuel prosigue su lucha encarnizada con la realidad. Contra ella, mejor dicho. Su realismo, como el de la mejor tradición española — Goya, Quevedo, la novela picaresca, Valle-Inclán, Picasso — consiste en un despiadado cuerpo a cuerpo con la realidad. Al abrazarla, la desuella. De allí que su arte no tenga parentesco alguno con las descripciones más o menos tendenciosas, sentimentales o estéticas, de lo que comúnmente se llama realismo. Por el contrario, toda su obra tiende a provocar la erupción de algo secreto y precioso, terrible y puro, escondido precisamente por nuestra realidad. Sirviéndose del sueño y de la poesía o utilizando los medios del relato fílmico, el poeta Buñuel desciende al fondo del hombre, a su intimidad más radical e inexpresada.

Después de un silencio de muchos años, Buñuel presenta una nueva película: *Los olvidados*. Si se comparan a esta cinta las realizadas con Salvador Dalí, sorprende sobre todo el rigor con que Buñuel lleva hasta sus límites extremos sus primeras intuiciones. Por una parte, *Los olvidados* representan un momento de madurez artística; por la otra, de mayor y más total desesperación: la puerta del sueño parece cerrada para siempre; sólo queda abierta la de la sangre. Sin renegar de la gran experiencia de su juventud, pero consciente del cambio de los tiempos — que ha hecho más espesa esa realidad que denunciaba en sus primeras obras —, Buñuel construye una película en la que la acción es precisa como un mecanismo, alucinante como un sueño, implacable como la marcha silenciosa de la lava. El argumento de *Los olvidados* — la infancia delincuente — ha sido extraído de los archivos penales. Sus personajes son nuestros contemporáneos y tienen la edad de nuestros hijos. Pero *Los olvidados* es algo más que un film realista. El sueño, el deseo, el horror, el delirio y el azar, la porción nocturna de la vida, también tienen su parte. Y el peso de la realidad que nos muestra es de tal modo atroz, que acaba por parecernos imposible, insoportable. Y así es: la realidad es *insoportable;* y por eso, porque no la soporta, el hombre mata y muere, ama y crea.

La más rigurosa economía artística rige a *Los olvidados.* A mayor condensación corresponde siempre una más intensa explosión. Por eso es una película sin «estrellas»; por eso, también la discreción del «fondo musical», que no pretende usurpar lo que en el cine la música le debe a los ojos; y finalmente, el desdén por el color local. Dando la espalda a la tentación del impresionante paisaje mexicano, la escenografía se reduce a la desolación sórdida e insignificante, mas siempre implacable, de un paisaje urbano. El espacio físico y humano en que se desarrolla el drama no puede ser más cerrado: la vida y la muerte de unos niños entregados a su propia fatalidad, entre los cuatro muros del abandono. La ciudad, con todo lo que esta palabra entraña de solidaridad humana, es lo ajeno y extraño. Lo que llamamos civilización no es para ellos sino un muro, un gran No que cierra el paso. Esos niños son mexicanos pero podrían ser de otro país, habitar un suburbio cualquiera de otra gran ciudad. En cierto modo no viven en México, ni en ninguna parte: son los olvidados, los habitantes de esas *waste lands* que cada urbe moderna engendra a sus costados. Mundo cerrado sobre sí mismo, donde todos los actos son circulares y todos los pasos nos hacen volver a nuestro punto de partida. Nadie puede salir de allí, ni de sí mismo, sino por la calle larga de la muerte. El azar, que en otros mundos abre puertas, aquí las cierra.

La presencia continua del azar posee en *Los olvidados* una significación especial, que prohíbe confundirlo con la muerte. El azar que rige la acción de los héroes se presenta como una necesidad que, sin embargo, *pudiera no haber ocurrido.* (¿Por qué no llamarlo entonces con su verdadero nombre, como en la tragedia: *destino?*) La vieja fatalidad vuelve a funcionar, sólo que despojada de sus atributos so-

brenaturales: ahora nos enfrentamos a una fatalidad social
y psicológica. O, para emplear la palabra mágica de nuestro
tiempo, el nuevo fetiche intelectual: una fatalidad histó-
rica. No basta, sin embargo, con que la sociedad, la historia
o las circunstancias se muestren hostiles a los héroes; para
que la catástrofe se produzca es necesario que esos determi-
nantes coincidan con la voluntad de los hombres. Pedro
lucha contra el azar, contra su mala suerte o mala sombra,
encarnada en el Jaibo; cuando, cercado, la acepta y la
afronta, transforma la fatalidad en destino. Muere, pero hace
suya su muerte. El choque entre la conciencia humana y la
fatalidad externa constituye la esencia del acto trágico.
Buñuel ha redescubierto esta ambigüedad fundamental: sin
la complicidad humana el destino no se cumple y la tragedia
es imposible. La fatalidad ostenta la máscara de la liber-
tad; ésta, la del destino.

Los olvidados no es un film documental. Tampoco es
una película de tesis, de propaganda o de moral. Aunque
ninguna prédica empaña su admirable objetividad, sería
calumnioso decir que se trata de un film estético, en el que
sólo cuentan los valores artísticos. Lejos del realismo (social,
psicológico y edificante) y del esteticismo, la película de
Buñuel se inscribe en la tradición de un arte pasional y feroz,
contenido y delirante, que reclama como antecedentes a
Goya y a Posada, quizá los artistas plásticos que han lleva-
do más lejos el humor negro. Lava fría, hielo volcánico.
A pesar de la universalidad de su tema, de la ausencia de
color local y de la extrema desnudez de su construcción, Los
olvidados posee un acento que no hay más remedio que
llamar racial (en el sentido en que los toros tienen «casta»).
La miseria y el abandono pueden darse en cualquier parte
del mundo, pero la pasión encarnizada con que están des-
critas pertenece al gran arte español. Ese mendigo ciego ya
lo hemos visto en la picaresca española. Esas mujeres, esos
borrachos, esos cretinos, esos asesinos, esos inocentes, los

hemos visto en Quevedo·y en Galdós, los vislumbramos en
Cervantes, los han retratado Velázquez y Murillo. Esos palos
—· palos de ciego — son los mismos que se oyen en todo
el teatro español. Y los niños, los olvidados, su mitología,
su rebeldía pasiva, su lealtad suicida, su dulzura que relam-
paguea, su ternura llena de ferocidades exquisitas, su des-
garrada afirmación de sí mismos en y para la muerte, su
búsqueda sin fin de la comunión — aun a través del cri-
men — no son ni pueden ser sino mexicanos. Así, en la
escena clave de la película — la escena onírica — el tema
de la madre se resuelve en la cena en común, en el festín
sagrado. Quizá sin proponérselo, Buñuel descubre en el
sueño de sus héroes las imágenes arquetípicas del pueblo
mexicano: Coatlicue y el sacrificio. El tema de la madre,
que es una de las obsesiones mexicanas, está ligado inexo-
rablemente al de la fraternidad, al de la amistad hasta la
muerte. Ambos constituyen el fondo secreto de esta película.
El mundo de *Los olvidados* está poblado por huérfanos, por
solitarios que buscan la comunión y que para encontrarla no
retroceden ante la sangre. La búsqueda del «otro», de nues-
tro semejante, es la otra cara de la búsqueda de la madre.
O la aceptación de su ausencia definitiva: el sabernos solos.
Pedro, el Jaibo y sus compañeros nos revelan así la natu-
raleza última del hombre, que quizá consista en una per-
manente y constante orfandad.

Testimonio de nuestro tiempo, el valor moral de *Los ol-
vidados* no tiene relación alguna con la propaganda. El arte,
cuando es libre, es testimonio, conciencia. La obra de Buñuel
es una prueba de lo que pueden hacer el talento creador y
la conciencia artística cuando nada, excepto su propia liber-
tad, los constriñe o coacciona.

Cannes, 4 de abril de 1951

SILVESTRE REVUELTAS

Silvestre Revueltas, todos lo recuerdan, era, físicamente, de la misma estirpe de Balzac y Dumas. (En lo espiritual era otra cosa ; nada menos ciclópeo que su delicada, penetrante, aguda música, dardo o estilete.) Se parecía mucho al segundo y tenía del primero la mirada tierna, el ademán poderoso, la generosa corpulencia y la íntima finura que dicen tuvo Balzac. Con ese cuerpo, con esa noble cabeza y ese rostro asombrado de dios, Neptuno de la música, se erguía frente a la orquesta, frente al mar de los sonidos, como un humano monumento devastado por todas las olas, padre de las olas y vencedor de ellas ; luchando contra invisibles elementos, desataba las oscuras e infernales potencias de la música, que duermen en el silencio, y las sometía a su poder, llevándolas a un silencio más alto y tenso del que salieron. Muchos, al dirigir la orquesta, parecen magos ; otros, simples prestidigitadores. Silvestre no era un mago ni tampoco un embaucador. El espectáculo que involuntariamente ofrecía era mucho más patético que las maravillas de la magia y las sorpresas de la habilidad. Silvestre sacaba de sí mismo, de su entraña, cada nota, cada sonido, cada acorde. Los extraía de su corazón, de su vientre, de su cabeza, de un bolsillo insondable de sus pantalones — como ese objeto mágico que siempre llevamos con nosotros, único confidente de nuestro tacto angustiado, oscuro resumen de las mil muertes y nacimientos de cada día. O brotaban de sus ojos, de sus manos, del aire eléctrico que creaba en torno suyo. Silvestre era, al mismo tiempo, la cantera, la estatua y el escultor.

A pesar de su corpulencia y de su espíritu vasto y generoso, no ha creado una música de grandes proporciones. Había una íntima contradicción en su ser. Su música, irónica, burlona, esbelta — flecha y corazón al mismo tiempo — era un prodigioso y delgado instrumento para herir. Un arma y una entraña, simultáneamente. Silvestre no se defendía de la música, como no se defendía de la vida. Aguzaba la punta de su música como el sacerdote aguza la hoja del cuchillo, porque él era el sacrificador y la víctima. Había encontrado el punto misterioso en que el arte y la vida se tocan y comunican, el nervio tenso de la creación.

Era tierno en ocasiones; en otras, áspero y reconcentrado. A pesar de su leyenda, Silvestre no amaba el desorden ni la bohemia; era, por el contrario, un espíritu ordenado. A veces, exageradamente ordenado. Puntual, exacto, devorado casi por ese afán de exactitud, se presentaba siempre con anticipación a las citas y se apresuraba a cumplir con las comisiones o encargos que se le daban. Esta preocupación por el orden era un recurso de su timidez y una defensa de su soledad. Porque era tímido, silencioso y burlón. Amaba a la poesía y a los poetas y su gusto era siempre el mejor. No tenía placer en las compañías ruidosas; era un solitario y un hosco defensor de su soledad. Después de aquellas temporadas de orden absoluto y exasperante, de ensimismada concentración, se desbordaba en un ansia de comunión, de amor. Entonces su humor negro se convertía en blanco, como la negra ola al besar la playa. Humor blanco, espuma de la vida. Y el silencio reconcentrado se volvía un mágico surtidor de imágenes. Temporadas de locura, de alegría, de infierno. Silvestre, como todos los hombres, era un campo de batalla. Jamás se hizo traición y jamás traicionó la verdad contradictoria, dramática, de su ser. En Silvestre vivían muchos interlocutores, muchas pasiones, muchas capacidades, debilidades y finuras. Esta riqueza de posibilidades, de adivinaciones y de impulso es lo que da a su obra ese aire de primer acorde, de centella escapada de un mundo en formación. Su obra es el pensamiento de una gran obra. Quizá no pudo expresarse del todo, quizá la presión interior era excesiva. No era fácil ordenar elementos tan ricos y dispares. Mas en esa obra dispersa hay cierto tono inconfundible y único. Un elemento la rige: no la alegría, como creen algunos, ni la ironía, como piensan los más, sino la piedad. La alegre piedad frente a los hombres, los animales y las cosas. Por la piedad la obra de este hombre, tan desnudo, tan indefenso, tan herido por el cielo y los hombres, se sobrepasa y alcanza una significación espiritual.

El nombre de Silvestre Revueltas resuena dentro de mí como un gran cohete de luz, como una aguda flecha que se dispersara en plumas y sonidos, en luces, en colores, en pájaros, en humo pálido, al chocar contra el desnudo corazón del cielo. Era como el sabor del pueblo, cuando el pueblo es pueblo y no multitud. Era como una feria de pueblo: la iglesia, flechada por los fuegos de artificio, plateada por la cascada de aguas resplandecientes, fortaleza inocente y cándida, humeante ruina que gime en los sonidos, en los ayes de la cohetería agónica; el mágico jardín, con su fuente y su kiosko con la música heroica, desentonada y agria; y los cacahuetes, en pirámides, junto a las naranjas, las jícamas terrestres y jugosas y las cañas de azúcar, con sabor a estrella líquida y tierra inocente, plantadas militarmente, como fusiles o lanzas, en las orillas de las calles. Y era como el silencio de una oscura y desierta calle, en un barrio de la ciudad, poblada de pronto por gritos angustiosos. Y como el rumor de una vecindad y la gracia de la ropa puesta a secar, bajo el cielo altísimo y las nubes que giran, lentamente. Y era también como el silencio del cielo.

México, 1941

190

TAMAYO EN LA PINTURA MEXICANA

Como todas nuestras artes contemporáneas — y quizá más acusadamente — la pintura es hija de la Revolución Mexicana. Según he intentado explicar en otra parte,[1] concibo a este movimiento como una inmersión de México en su propio ser. Al hacer saltar las formas que lo oprimían y desnaturalizaban, meras superposiciones históricas, el país se encuentra a solas consigo mismo. México se descubre pero al mismo tiempo descubre que su tradición — catolicismo colonial y liberalismo republicano — no podrá resolver sus conflictos. Así, la Revolución es un regreso a los orígenes tanto como una búsqueda de una tradición universal. Acaso no sea inútil señalar que empleo la palabra tradición en el sentido de un programa o proyecto común que inserte a la nación en el mundo moderno. La Revolución, por una parte, es una revelación del subsuelo histórico de México; por la otra, una tentativa por hacer de nuestro país una nación realmente moderna y así, mediante un salto — el salto que no pudieron dar los liberales —, suprimir lo que llaman nuestro «retraso histórico». Ahora bien, ser «una nación moderna» no quiere decir solamente adoptar técnicas de producción sino insertarse en una tradición universal determinada. O inventar un nuevo proyecto, una nueva visión del hombre y de la historia. Todos sabemos que esta búsqueda de una tradición que sustituyese a las que antes habían modelado a nuestro país terminó en un compromiso inestable, que aún no hemos superado. Pues bien, la pintura mexicana parti-

[1]   *El laberinto de la soledad*, México, 1950.

cipa de esta doble condición. Desde el primer momento los pintores vuelven los ojos hacia México y, también desde ese primer momento, sienten la necesidad de insertar su nacionalismo en la corriente general del espíritu moderno. Todos los equívocos posteriores, estéticos y morales, parten de esa insuficiencia de la Revolución Mexicana que, si fue una revelación de nuestro ser nacional, no logró darnos una visión del mundo ni enlazar su descubrimiento a una tradición universal.

México, su historia y su paisaje, sus héroes y su pueblo, su pasado y su futuro, constituyen el tema central de nuestros pintores. Naturalmente, ese regreso se hizo utilizando valores, formas y principios rescatados por la cultura europea. En el trópico de Rivera hay ecos de Gauguin y de Rousseau, como en la poesía de López Velarde es visible la presencia, directa ó refleja, de ciertos simbolistas franceses. Y la lección que el mismo Rivera recoge de los primitivos italianos acaso hubiese sido distinta sin el ejemplo de Modigliani. El descubrimiento de las artes precortesianas y populares también es un resultado de la curiosidad de la estética occidental. Desde el Romanticismo hasta nuestros días el arte no cesa de enriquecerse con obras y conceptos ajenos al orbe grecolatino. Podemos ver con ojos limpios el arte precortesiano porque desde hace más de un siglo se nos ha enseñado a ver el arte gótico, el oriental y, más tarde, el de África y Oceanía. Estas conquistas no sólo han enriquecido nuestra sensibilidad sino que han influido en las obras de todos los grandes artistas contemporáneos. Recuérdese lo que significaron las máscaras negras para el cubismo, el arte egipcio para Klee, la escultura sumeria para Picasso. La obra de los pintores mexicanos participa en esta tradición que inicia el Romanticismo. Sin ella, Rivera sería inexplicable. Nuestra pintura es un capítulo del arte moderno. Pero, asimismo, es la pintura de un pueblo que acaba de descubrirse a sí mismo y que, no contento con reconocerse

192

en su pasado, busca un proyecto histórico que lo inserte en la civilización contemporánea.

Una pintura con estas ambiciones necesitaba — salvo en el caso de Orozco, dispuesto a dejarse devorar por los extremos y que siempre se burló de las ideas — el concurso de una filosofía que la justificara y trascendiera. Esta necesidad no era accidental ni partía del temperamento o del capricho de los pintores mexicanos. Obedecía a las mismas causas que llevaron a Vasconcelos — primer protector de los muralistas — a fundar la educación mexicana en una filosofía de la «raza cósmica» y a la Revolución a buscar una tradición universal que trascendiese a sus limitaciones nacionales. Ninguno de los sistemas que les ofrecía la realidad mexicana podía satisfacer a los pintores; por eso volvieron los ojos hacia el marxismo. Mas la adopción del pensamiento marxista no era ni podía ser consecuencia de la existencia de un gran proletariado o de un movimiento socialista de significación. El marxismo de Rivera y sus compañeros no tenía otro sentido que el de reemplazar por una filosofía revolucionaria internacional la ausencia de filosofía de la Revolución Mexicana. Su función no era diversa a la de las especulaciones hinduístas de Vasconcelos o al bergsonismo de Caso. Y mientras el Partido Comunista se formaba apenas o vivía en la clandestinidad, los muros oficiales se cubrieron de pinturas que profetizaban el fin del capitalismo, sin que nadie, ni los pintores ni los mecenas, se escandalizaran. Esta ausencia de relación entre la realidad y las visiones que pretenden expresarla da a buena parte de la pintura de Rivera, Siqueiros y algunos otros un carácter fatalmente inauténtico. Cuando su pintura predica, deja de ser lo que ellos quieren que sea: una respuesta orgánica a la realidad. Hija de las especulaciones de un grupo de artistas e intelectuales, carece de esa relación total con su pueblo y su momento que da veracidad a Giotto, Cimabue o Piero della Francesca. No se puede ser al mismo tiempo pintor oficial de un régimen y artista revolucionario sin introducir la confusión y el equívoco.

La ideología de esta pintura sólo es una cáscara. Si se la aparta, se descubre que es una de las expresiones más altas de nuestra Revolución. Sus mismas limitaciones, su búsqueda de una visión universal que supere nuestras contradicciones, sus deslumbrantes hallazgos, son los del movimiento iniciado en 1910. De allí que la pintura mural posea, a su manera, un carácter orgánico. Y ese carácter, más que sus ambiciones ideológicas, es lo que le otorga fisonomía, autenticidad y grandeza.

La ideología no les sirvió a los pintores para establecer vínculos orgánicos con la realidad, pero les dio ocasión para integrar su particular visión del mundo. Si el espectador se detiene ante la obra de Diego Rivera, descubre inmediatamente que este pintor no es tanto un materialista dialéctico como un materialista a secas; quiero decir: un adorador de la materia como substancia cósmica. Rivera reverencia y pinta sobre todo a la materia. Y la concibe como una madre: como un gran vientre, una gran boca y una gran tumba. Madre, inmensa matriz que todo lo devora y engendra, la materia es una figura femenina siempre en reposo, soñolienta y secretamente activa, en germinación constante como todas las grandes divinidades de la fertilidad. El erotismo monumental de ese pintor lo lleva a concebir al mundo como un enorme fluir de formas, contemplado por los ojos absortos y fecundos de la madre. Paraíso, procreación, germinación bajo las grandes hojas verdes del principio. Una gran corriente erótica atraviesa todas sus creaciones. Como en esos microscopios de laboratorio biológico que tanto le interesan, en sus muros pululan hombres, plantas, máquinas, signos. Hay algo oriental en esa riqueza de gérmenes. Su horror al vacío le hace llenar el espacio de figuras, de modo que el muro, cualesquiera que sean sus dimensiones, parece que va a estallar por la presión de los seres que hormiguean en su interior. Nada más opuesto a esta repleta inmovilidad de primer día del mundo que el dinamismo, hecho de oposiciones y reconciliaciones, de una concepción dialéctica de la historia. Y de allí que Rivera caiga en la ilustración cuando intenta acceder a la historia. Como muralista, es el pintor de la creación y recreación incesante de la materia.

Para Alfaro Siqueiros, en cambio, todo es luz y sombras, movimiento y contraste. Los antecedentes de su pintura, hecha de antítesis, distorsiones violentas y bruscas iluminaciones, podrían encontrarse en ciertos pintores barrocos, españoles y flamencos, en los románticos — también preocupados por ese dualismo de luz y sombra — y en los futuristas italianos, que quisieron pintar el movimiento. El mundo de Siqueiros es el de los contrastes: materia y espíritu, afirmación y negación, movimiento e inmovilidad. Sus temas poseen un querer escapar del cuadro, dejar de ser pintura y convertirse en símbolo puro. Si el peligro de Rivera es el estatismo, el de Siqueiros es el efectismo teatral. A veces sus formas se hinchan como los músculos de un Hércules de feria. Otras, tienden a un esquematismo sumario: las ideas no llegan a encarnar realmente en la pintura. Si Diego hace ilustraciones estáticas, Siqueiros incurre en la arenga mural. Pero es una arenga que no logra su expresión plástica y que se queda en signo intelectual. Literatura pintada, «ideología» que se sirve de las formas como de letras: precisamente lo contrario de lo que se propone ser. El temperamento dialéctico de Siqueiros lo ha llevado a predicar la utilización de nuevos materiales pictóricos. No es ésta ocasión de analizar sus ideas, aunque muchas de ellas no dejan de ofrecer un interés real. En cambio sí es oportuno señalar que esta necesidad de emplear nuevos materiales es en Siqueiros más fatal de lo que él mismo se imagina, pues toda su pintura, cuando triunfa, cuando se realiza, tiende a negar la materia, a inflamarla y transformarla en otra cosa. Buscar nuevos materiales es una de las maneras con que este dialéctico pretende escapar de la materia.

Orozco, como Siqueiros, ama al movimiento; como Rivera, es monumental. Es tan enfático como ellos. Cuando cae, cae más pesadamente: cae de más alto. Al contrario de sus compañeros, no intenta penetrar la realidad con el arma de las ideologías, sino que arremete contra ellas y sus encarnaciones. La Revolución Mexicana no escapa a sus ataques. Su pintura puede parecernos a veces una explosión, pero sabemos que esa explosión es real: quema. Y al primero que quema es al pintor. Pues esta pintura es, por encima de todo, un monólogo. Villaurrutia lo ha llamado el pintor del horror. Quizá sea más justo llamarle el pintor de lo terrible. El horror nos inmoviliza; es un erizarse el alma y la piel, una contemplación fascinada, un mareo: la realidad de pronto abre sus entrañas y nos deja ver su fondo, que es el sin fin. Y ante ese vacío sentimos la náusea del vértigo: la nada nos fascina. El horror es una de las formas de aprehensión de lo sagrado. Éste se manifiesta ya como lo pleno y repleto — la escultura azteca, por ejemplo — o como lo vacío — el hoyo de la conciencia, el aburrimiento de Baudelaire. El hombre es ajeno a lo horrible, que es por naturaleza lo extraño, lo radicalmente otro. En el horror aprehendemos lo sagrado como lo ajeno y nuestra reacción ante lo horrible es de absorta inmovilidad. La pintura de Orozco no nos produce esa suerte de pasmo. Es una pintura humana que sí se interesa en nuestro destino. El personaje de Orozco no es la materia ni la historia y su dialéctica de sombras y luces, sino Prometeo, el héroe en combate solitario contra todos los monstruos. En pocos artistas ha encarnado con tal violencia la voluntad de México, que si es voluntad de romper con la madre también lo es de trascender nuestra situación de orfandad. El hombre de Orozco está solo. Los dioses han muerto; frente a nosotros gesticulan las máscaras feroces de todas las ideologías y una selva de garras y guiños: la mentira de este mundo y del otro. La obra de Orozco completa la de Rivera. Ambas representan los dos momentos de la Revolución Mexicana: Rivera, la vuelta a los orígenes; Orozco, el sarcasmo, la denuncia y la búsqueda.

La aparición de un nuevo grupo de pintores — Tamayo, Lazo, María Izquierdo, etcétera —, entre 1925 y 1930, produjo una escisión en el movimiento iniciado por los muralistas. Un estilo de llama termina siempre por devorarse a sí mismo. Repetir a Orozco habría sido una insoportable mistificación; el nacionalismo amenazaba convertirse en mera superficie pintoresca, como de hecho ocurrió después; y el dogmatismo de los pintores «revolucionarios» entrañaba una inaceptable sujeción del arte a un «realismo» que nunca se ha mostrado muy respetuoso de la realidad. Todos conocemos los frutos de esta nueva beatería y a qué extremos morales y estéticos ha conducido el llamado «realismo socialista».

La ruptura no fue el resultado de la actividad organizada de un grupo sino la respuesta aislada, individual, de diversos y encontrados temperamentos. Nada más alejado de la constante búsqueda e invención de Carlos Mérida y Jesús Reyes que la lenta maduración de Julio Castellanos; nada más opuesto a la poesía explosiva de Frida Kahlo que el mundo sonámbulo de Agustín Lazo. Pero a todos los impulsaba el deseo de encontrar una nueva universalidad plástica, esta vez sin recurrir a la «ideología» y, también, sin traicionar el legado de sus predecesores: el descubrimiento de nuestro pueblo como una cantera de revelaciones. Así, la ruptura no tendía tanto a negar la obra de los iniciadores como a continuarla por otros caminos. La pintura perdía su carácter monumental pero se aligeraba de retórica.

Rufino Tamayo es uno de los primeros que se rehúsan a seguir el camino trazado por los fundadores de la pintura

197

moderna mexicana. Por otra parte, su búsqueda pictórica y poética ha sido de tal modo arriesgada y su aventura artística posee tal radicalismo, que esta doble independencia lo convierte en la oveja negra de la pintura mexicana. La integridad con que Tamayo ha asumido los riesgos de su aventura, su decisión de llegar hasta el límite y de saltarlo cada vez que ha sido necesario, sin miedo al vacío o a la caída, seguro de sus alas, son un ejemplo de intrepidez artística y moral. Al mismo tiempo, constituyen la prueba de fuego de una vieja verdad: lo genuino vence todas las influencias, las transforma y se sirve de ellas para expresarse mejor. Nada, excepto la pereza, la repetición o la complacencia en lo ya conquistado, daña ese fondo ancestral que lleva en sí todo artista verdadero. La aventura plástica de Tamayo no termina aún y, en plena madurez, el pintor no deja de asombrarnos con creaciones cada vez más deslumbrantes. Mas la obra realizada posee ya tal densidad y originalidad que es imposible no considerarla como una de las más preciosas e irremplazables de la pintura universal de nuestro tiempo tanto como de la mexicana.

Nacida bajo el signo del rigor y la búsqueda, la pintura de Tamayo se encuentra ahora en una zona de libertad creadora que la hace dueña del secreto del vuelo sin perder jamás el de la tierra, fuerza de gravedad de la inspiración. El lirismo de hoy es el fruto del ascetismo de ayer. Hasta hace pocos años su pintura se ofrecía al espectador como un deliberado sacrificio en favor de la desnudez esencial del objeto. Ahora ese núcleo vibrante y puro a que se había reducido su arte emite una serie de descargas, tanto más directas y libres cuanto más inflexiblemente sometidas a una implacable voluntad de pureza. La libertad, nuevamente, se nos muestra como una conquista. Vale la pena ver cómo Tamayo alcanzó esta tensa libertad.

En lo que podríamos llamar su primera época, el pintor no parece sino interesarse en la experiencia plástica pura.

Naturalmente, no en el sentido de «pintar bien» o de «dominar el oficio», porque con sus atrevidas composiciones Tamayo no se proponía «aprender a pintar» o «vencer dificultades», sino encontrar nuevas formas de expresión plástica. Por eso no es extraño que le hayan atraído sobre todo los pintores contemporáneos que voluntariamente redujeron la pintura a sus elementos esenciales. En ellos iba a encontrar un mundo de formas que se prohibían toda significación que no estuviese contenida en los valores plásticos. El ejemplo de Braque, según me ha dicho el mismo Tamayo, fue precioso entre todos. En efecto, el cubismo de Braque no posee la rabia alada de Picasso ni el radicalismo desesperado de Juan Gris — que, a mi juicio, es el único artista contemporáneo que ha pintado castillos racionales sobre los abismos del espacio puro. El más tradicional de estos tres grandes revolucionarios, el más «pintor» también, Braque no deja nunca de apoyarse en la realidad. Una realidad que no es nunca la realidad en bruto, inmediata, de Picasso, sino algo tamizado por la inteligencia y la sensibilidad. No un muro que hay que saltar sino un punto de apoyo para el vuelo. Y asimismo, un punto de aterrizaje. Más crudo y violento, el mexicano necesitaba la lección moderadora de Braque. Él le enseña las virtudes de la contención y del rigor. Y así, será inútil buscar en las telas de Tamayo la presencia de Braque, pues su influencia no se ejerció como una imitación o un contagio sino como una lección. No es en los cuadros de Tamayo en donde se puede encontrar a Braque, sino en su actitud frente a la pintura, que vuelve a ser considerada como un universo de correspondencias exclusivamente plásticas.

Todas las obras de esa época — naturalezas muertas, grupos de mujeres y hombres, alegorías de Zapata y Juárez, muro del Conservatorio — son estrictamente composiciones. Nada más. Nada menos. Su concepto del cuadro obedece a una exigencia plástica. Se niega a concebirlo como ese foro en que la pintura tradicional lo ha convertido y se sitúa frente a la tela como lo que es realmente: una superficie plana. El espacio recobra toda su importancia. No lo rellena: es un valor, un elemento que sostiene a los otros valores. Tampoco deja de «pintarlo»: sabe que el espacio vacío puede transformarse en un agujero capaz de tragarse el resto del cuadro. Por gracia del color, el espacio vibra, existe. Pero Tamayo no conquista el espacio por su color sino por su sentido de la composición. Colorista nato, ha logrado servirse de su don nativo — en lugar de ahogarse en él — sometiéndolo al rigor de la composición. De allí que sea imposible hablar de Tamayo como de un simple colorista. Sus colores se apoyan en una estructura y no pueden considerarse sino como funciones de una totalidad: el cuadro.

Si para Tamayo la pintura es un lenguaje plástico que no está destinado a narrar y que desdeña la anécdota, ¿qué se propone decirnos con ese lenguaje? La respuesta a esta pregunta, implícita en casi toda su obra, se expresa de manera inequívoca en sus últimas telas, desde hace quince años. Primero fueron una serie de animales terribles: perros, leones, serpientes, coyotes; más tarde, personajes inquietantes, solitarios o en grupo, danzando o inmóviles, todos arrastrados o petrificados por una fuerza secreta. La antigua rigidez de las figuras y objetos cede el sitio a una concepción más dinámica: todo vuela o danza, corre, asciende o se despeña. Las deformaciones dejan de ser puramente estéticas para cumplir una función que no es exagerado llamar ritual: a veces consagran; otras, condenan. El espacio, sin renunciar a sus valores plásticos, se convierte en el vibrante lugar de cita del vértigo. Y los antiguos elementos — la sandía, las mujeres, las guitarras, los muñecos — se transforman y acceden a un mundo regido por los astros y los pájaros. El sol y la luna, fuerzas enemigas y complementarias, presiden este universo, en donde abundan las alusiones al infinito. El pintor, como esos enamorados de una de sus telas o ese astrónomo que es también un astrólogo, no tiene miedo de asomarse a la muerte y resurrección de los mundos estelares. Tamayo ha traspuesto un nuevo límite y su mundo es ya un mundo de poesía. El pintor nos abre las puertas del viejo universo de los mitos y de las imágenes que nos revelan la doble condición del hombre: su atroz realidad y, simultáneamente, su no menos atroz irrealidad. El hombre del siglo XX descubre de pronto lo que, por otras vías, ya sabían todos aquellos que han vivido una crisis, un fin de mundo. Como en el poema de Moreno Villa, «hemos descubierto en la simetría la raíz de mucha iniquidad».

La presencia de símbolos de fertilidad y destrucción, las correspondencias que es fácil encontrar entre el lenguaje del pintor y el de la magia o sus coincidencias con ciertas concepciones plásticas y religiosas precortesianas, no deben engañarnos: Tamayo no es un intelectual ni un arqueólogo. Este hombre moderno también es muy antiguo. Y la fuerza que guía su mano no es distinta de la que movió a sus antepasados zapotecas. Su sentido de la muerte y de la vida como una totalidad inseparable, su amor por los elementos primordiales tanto como por los seres elementales, lo revelan como un temperamento erótico, en el sentido más noble de la palabra. Gracias a esa sabiduría amorosa, el mundo no se le ofrece como un esquema intelectual sino como un vivo organismo de correspondencias y enemistades.

Xavier Villaurrutia fue uno de los primeros en advertir que el elemento solar acompaña a este pintor en todas sus aventuras. En efecto, Tamayo es un hijo de la tierra y del sol. Su infancia está viva en su obra y sus secretos poderes de exaltación están presentes en todas sus telas. En su primer período dio sensualidad y frescura a frutas tropicales, guitarras nocturnas, mujeres de la costa o del altiplano. Hoy ilumina a sus más altas creaciones. Su materia, al mismo tiempo reconcentrada y jugosa, rica y severa, está hecha de la substancia de ese sol secreto. Un sol que si es el de su infancia, es también el de la infancia del mundo y, más entrañablemente, el mismo que presidió los cálculos astronómicos de los antiguos mexicanos, la sucesión ritual de sus fiestas y el sentido de sus vidas. La presencia del elemento solar, positivo, engendra la respuesta de un principio contrario. La unidad esencial del mundo se manifiesta como dualidad: la vida se alimenta de la muerte. El elemento solar rima con el lunar. El principio masculino sostiene en todas las telas de Tamayo un diálogo con el principio lunar. La luna que arde en algunos de sus cuadros rige el hieratismo de esas mujeres que se tienden en posición de sacrificio. Necesario complemento del sol, la luna ha dado a esta pintura su verdadero equilibrio — no en el sentido de la armonía de las proporciones, sino en el más decisivo de inclinar la balanza de la vida con el peso de la muerte y la noche. Y acaso ese mismo principio lunar sea la raíz de la delicadeza refinada de algunos fragmentos de sus telas, vecinos siempre de trozos sombríos y bárbaros. Porque Tamayo sabe instintivamente que México no sólo es un país hosco y trágico sino que también es la tierra de colibrí, de los mantos de pluma, de las «piñatas» y de las máscaras de turquesa.

Toda la obra de Tamayo parece ser una vasta metáfora. Naturalezas muertas, pájaros, perros, hombres y mujeres, el espacio mismo, no son sino alusiones, transfiguraciones o encarnaciones del doble principio cósmico que simbolizan el sol y la luna. Por gracia de esta comprensión del ritmo vital, su pintura es un signo más en el cielo de una larga tradición. La naturalidad con que Tamayo reanuda el perdido contacto con las viejas civilizaciones precortesianas lo distingue de la mayor parte de los grandes pintores de nuestro tiempo, mexicanos o europeos. Pues para casi todos, inclusive para aquellos que como Paul Klee se mueven en un ámbito de poesía y conocen el secreto de la resurrección ritual, el descubrimiento de la inocencia es el fruto de un esfuerzo y de una conquista. Las excavaciones en esos «cementerios de cultura» que son los museos de arte y antropología, han precedido a muchas de las creaciones más sorprendentes de la pintura contemporánea. A Picasso, en cambio, y sin mengua de su incomparable apetito universal, le basta con cerrar los ojos para recobrar al viejo mediterráneo adorador del toro. Otro tanto ocurre con Miró. Como ellos, Tamayo no necesita reconquistar la inocencia; le basta descender al fondo de sí para encontrar al antiguo sol, surtidor de imágenes. Por fatalidad solar y lunar encuentra sin pena el secreto de la antigüedad, que no es otro que el de la perpetua novedad del mundo. En suma, si hay antigüedad e inocencia en la pintura de Tamayo, es porque se apoya en un pueblo: en un presente que es asimismo un pasado sin fechas.

A diferencia de lo que ocurría en la Antigüedad y en la Edad Media, para el artista moderno, dice André Malraux, el arte es el único «absoluto». Desde el Romanticismo el artista no acepta como suyos los valores de la burguesía y convierte a su creación en un «absoluto». El arte moderno «no es una religión, pero es una fe. Si no es lo sagrado, es la negación de lo profano». Y este sentimiento lo distingue del esteta o del habitante de cualquier torre, de marfil o de conceptos. Al negarse a la pintura social, Tamayo niega que el hombre sea un instrumento en las manos de un «absoluto» cualquiera: Dios, la iglesia, el partido o el Estado. Pero ¿no cae así en los peligros de un arte «puro», vacío o decorativo? Ya se ha visto cómo nuestro pintor trasciende el puro juego de las formas y nos abre las puertas de un universo regido por las leyes de atracción y repulsión del amor. Servir a la pintura quiere decir revelar al hombre, consagrarlo.

Por otra parte, la irrupción de las fuerzas «locas» — al-

ternativamente creadoras o destructoras — en el último
período de la pintura de Tamayo, muestra hasta qué punto
su arte es una respuesta directa e instintiva a la presión
de la historia. Por eso es un testimonio de los poderes que
pretenden destruirnos tanto como una afirmación de nues-
tra voluntad de sobrevivir. Sin acudir a la anécdota ni al
discurso, con los solos medios de un arte tanto más verí-
dico cuanto más libre, denuncia nuestra situación. Su «Pá-
jaro agresivo» no es nada más eco de los que crea la in-
dustria moderna sino también señal de una imaginación que
se venga. Reprimida por toda clase de imposiciones mate-
riales, morales y sociales, la imaginación se vuelve contra
sí misma y cambia el signo creador por el de la destrucción.
El sentimiento de agresión — y su complemento: el de
autodestrucción — es el tema de muchas de sus telas, como
«Loco que salta al vacío» o «Niños jugando con fuego».
Un significado análogo tiene la «Figura que contempla el
firmamento», que advierte en el cielo recién descubierto por
la física figuras tan inquietantes como las que la psicología
ha descubierto en nuestras conciencias.

Ante los descubrimientos de estas ciencias — para no
hablar de la cibernética — ¿cómo aferrarse al antiguo
realismo? La realidad ya no es visible con los ojos; se
nos escapa y disgrega; ha dejado de ser algo estático, que
está ahí frente a nosotros, inmóvil, para que el pintor lo
copie. La realidad nos agrede y nos reta, exige ser vencida
en un cuerpo a cuerpo. Vencida, trascendida, transfigurada.
Y en cuanto al «realismo ideológico», ¿no resulta por lo
menos imprudente, ante los últimos cambios operados en
la vida política mundial, afirmar que este o aquel jefe
encarna el movimiento de la história? ¡Cuántos artistas
— precisamente aquellos que acusaban de «escapismo» y
de «irrealismo» a sus compañeros — tienen hoy que escon-
der sus poemas, sus cuadros y sus novelas! De la noche a
la mañana, sin previo aviso, todas esas obras han perdido

204

su carácter «realista» y, por decirlo así, hasta su realidad. Después de esta experiencia, creo que los artistas afiliados al «realismo socialista» nos deben una explicación. Y, sobre todo, se la deben a ellos mismos, a su conciencia de artistas y de hombres de buena fe. Pero hay otro realismo, más humilde y eficaz, que no pretende dedicarse a la inútil y onerosa tarea de reproducir las apariencias de la realidad y que tampoco se cree dueño del secreto de la marcha de la historia y del mundo. Este realismo sufre la realidad atroz de nuestra época y lucha por transformarla y vencerla con las armas propias del arte. No predica: revela. Buena parte de la pintura de Tamayo pertenece a este realismo humilde, que se contenta con darnos su visión del mundo. Y su visión no es tranquilizadora. Tamayo no nos pinta ningún paraíso futuro, ni nos adormece diciendo que vivimos en el mejor de los mundos; tampoco su arte justifica los horrores de los tirios con la excusa de que peores crímenes cometen los troyanos: miseria colonial y campos de concentración, Estados policíacos y bombas atómicas son expresiones del mismo mal.

La ferocidad de muchos personajes de Tamayo, la bestialidad encarnizada de su «Perro rabioso», la gula casi cósmica de su «Devorador de sandías», la insensata alegría mecánica de otras de sus figuras, nos revelan que el pintor no es insensible al «apetito» destructor que se ha apoderado de la sociedad industrial. La abyección y miseria del hombre contemporáneo encarnan en muchas de las obras que ahora expone Tamayo; aun la mirada más distraída descubre una suerte de asco en algunas de sus composiciones más recientes; en otras, el pintor se encarniza con su objeto — hombre, animal, figura imaginaria: no importa —, lo desuella y lo muestra tal cual es: un pedazo de materia resplandeciente, sí, pero roída, corroída por la lepra de la estupidez, la sensualidad o el dinero. Poseído por una rabia fría y lúcida, se complace en mostrarnos una fauna de monstruos y medios seres, todos sentados en su propia satisfacción, todos dueños de una risa idiota, todos garras, trompas, dientes enormes y trituradores. ¿Seres imaginarios? No. Tamayo no ha hecho sino pintar nuestras visiones más secretas, las imágenes que infectan nuestros sueños y hacen explosivas nuestras noches. El reverso de la medalla, el rostro nocturno de la sociedad contemporánea. La pared ruinosa del suburbio, la pared orinada por los perros y los borrachos, sobre la que los niños escriben palabrotas. El muro de la cárcel, el muro del colegio, el muro del hogar, el muro del dinero, el muro del poder. Sobre ese muro ha pintado Tamayo algunos de sus cuadros más terribles.

Pero la violencia sólo es una parte. La otra es su antiguo mundo solar, visto con nostalgia y melancolía. Naturalezas muertas, sandías, astros, frutos y figuras del trópico, juguetes, todo ahora bañado por una luz fantasmal. En estos cuadros Tamayo ha alcanzado una delicadeza y una finura casi irreales. Nunca el gris nos había revelado tantas entonaciones y modulaciones, como si oyésemos un poema hecho de una sola frase, que se repite sin cesar y sin cesar cambia de significado. El mundo luminoso de ayer no ha perdido nada de su fuerza, nada de su poder de embriaguez; pero la seducción de hoy, como una luz filtrada por las aguas de un estanque, es más lúcida y, me atreveré a decir, desolada. En la «Figura con un abanico» el mundo entero, la vivacidad de la vida, se despliega como una verdadera aparición; sólo que es una aparición sostenida en el aire, suspendida sobre el vacío, como un largo instante irrecuperable. Este cuadro me produce una impresión que sólo puede dar una palabra nacarada: melancolía. Muchas de estas telas recientes, por su suntuosa y rica monotonía, por su luz ensimismada, me recuerdan ciertos sonetos fúnebres de Góngora. Sí, Góngora, el gran colorista, pero también el poeta de los blancos, los negros y los grises, el poeta que oía el paso del instante y de las horas:

Las horas que limando están los días,
los días que royendo están los años.

La pintura de Tamayo no es una recreación estética; es una respuesta personal y espontánea a la realidad de nuestra época. Una respuesta, un exorcismo y una transfiguración. Inclusive cuando se complace en el sarcasmo, esta pintura nos abre las puertas de una realidad, perdida para los esclavos modernos y para sus señores, pero que todos podemos recobrar si abrimos los ojos y extendemos la mano. El cuadro es el lugar de reunión de muchas fuerzas. Como el poema, la pintura está hecha de enemistades y reconciliaciones, rimas, correspondencias y ecos. No es un mundo privado sino el espacio propicio al encuentro: es un sitio de comunión. «La poesía», escribí hace años, «intenta volver sagrado al mundo. De allí el recelo con que la han visto iglesias, capillas, sectas y partidos políticos. Mediante la palabra el poeta consagra la experiencia de los hombres y las relaciones entre el hombre y la mujer, la naturaleza o su propia conciencia.» Tamayo ha redescubierto la vieja fórmula de consagración.

París, noviembre de 1950

ROSTROS DE JUAN SORIANO

En 1941

Cuerpo ligero, de huesos frágiles como los de los esqueletos de juguetería, levemente encorvado no se sabe si por los presentimientos o las experiencias; manos largas y huesudas, sin elocuencia, de títere; hombros angostos que aún recuerdan las alas de petate del ángel o las membranas del murciélago; delgado pescuezo de volátil, resguardado por el cuello almidonado y estirado de la camisa; y el rostro: pájaro, potro huérfano, extraviado. Viste de mayor, niño vestido de hombre. O pájaro disfrazado de humano. O potro que fuera pájaro y niño y viejo al mismo tiempo. O, al fin, simplemente, niño permanente, sin años, amargo, cínico, ingenuo, malicioso, endurecido, desamparado.

Niño viejo, petrificado, inteligente, apasionado, fantástico, real. Niño consciente de su niñez, arrepentido de su niñez, arremetiendo sin compasión contra su niñez, armado de todas las armas de los adultos y sin ninguna de sus hipocresías, virtudes y niñerías: no conoce el instinto de conservación. (Instinto que no nace con el hombre: lo crean las esperanzas, las ambiciones, los miedos, los triunfos, los años.)

Con la crueldad y el candor arrojado de los niños y la experiencia cautelosa de los viejos, hiere a su niñez. De la herida brotan seres misteriosos: «changos» con algo de niños, casi a punto de hablar; «niñas de vecindad», petrificadas o danzando penosamente en un aire sólido que las ahoga; flores de papel, frutos de piedra; animales fraternales y consanguíneos: moscas, camaleones, pequeños reptiles, pájaros, ardillas; puertas de madera — ¿qué infancia triste, qué lágrimas o qué soledad hay detrás de ellas? — y barandales y corredores por los que corren niños solitarios, siempre a punto de caer en el patio.

Entre su obra y el que la contempla se crea un contacto, un choque, a veces una repulsa, y siempre una respuesta. Su dibujo es en ocasiones ríspido, angustioso; sus colores, en otras, agrios. ¿Qué busca o expresa? ¿Busca esa niñez que odia, como el enamorado que se golpea el corazón? Revela una infancia, un paraíso, púa y flor, perdido para los sentidos y para la inteligencia, pero que mana siempre, no como el agua de una fuente, sino como la sangre de una entraña. Nos revela, y se revela a sí mismo, una parte de nuestra intimidad, de nuestro ser. La más oculta, mínima y escondida; quizá la más poderosa.

En 1954

Ante esta nueva exposición de Juan Soriano, los más se dicen: ya es otro, nos lo han cambiado. Y es cierto: Juan Soriano ya es otro. Pero este cambio no es una renuncia ni una abdicación. El pintor no reniega de su obra ni de sí mismo. Esto que es hoy, no sería si no hubiese sido lo que fue. La obra de ayer, el ser que fuimos, es siempre un punto de partida para alcanzar al ser que somos, la obra que seremos. Por fidelidad a sí mismo, Soriano se escapa de sí, de la forma en que se había inmovilizado y que ya era prisión.

Juan Soriano, el pájaro entumido de ayer, se ha echado a volar. Está en pleno vuelo. Al verlo perderse entre nubes que flotan como un archipiélago, reaparecer en un recodo del cielo, volverse a perder en un golfo azul, nos preguntamos: ¿caerá, regresará, se romperá las alas, lo quemará el sol? Y mientras nos hacemos estas preguntas, el poeta, el pintor, va dejando caer sus cuadros, como quien deja caer frutos cortados en la altura: el torso roto del mar, un pedazo de cielo campestre donde «pace estrellas» el toro sagrado, un manojo de serpientes solares, la isla de Creta, otra isla sin nombre, un fragmento de sol, otro fragmento de otro sol, el mismo sol, el sol. El amarillo triunfa; el azul edifica palacios verdes con manos moradas; el rojo se extiende como una marea de gloria; el amarillo de nuevo asciende como un himno. Oleada de vida, oleadas de muerte cálida. La materia es dichosa en su esplendor perecedero, el espíritu se baña en la dicha solar de este minuto. Hermosura del instante, máscara del día cuajada en transparencia y temblor detenido. Una gota de agua resbala sobre la piel color de astro. Veo a través del instante un remolino dorado de formas que se hunden y resurgen más tarde como cabelleras o espigas, columnas o cuerpos, peces o dioses. ¿Y hemos de morir, ha de acabar este minuto que late como un corazón? La muerte nos mira; su mirada es terrible, pero no se burla ni nos aplasta. El fuego y el agua se mezclan. El surtidor solar no cesa de manar. Apenas caben en el cuadro tantas riquezas: ¿estallará esta pintura en una explosión de vida?

Soriano vuela, Soriano navega. También excava, minero. No extrae ídolos de nariz rota, ni sortijas mágicas, ni piedras grabadas. No es arqueólogo. Cava en sí mismo y tras años de sequía y aridez, poco a poco encuentra su verdad — la vieja verdad, que no le pertenece porque es de todos y no hay nada *personal* que decir ni que pintar: el mundo existe, la muerte existe, el hombre es pero también no es, el mar es el mar y una manada de caballos, podemos bañarnos en el fuego, estamos hechos de agua y tierra y llama. Y de aire, de espíritu que sopla y hace vivir las formas y las cambia. Todo es metáfora: le nacen alas a la serpiente, el león de piedra es ya un incendio que es un león, las espumas cuchichean y dicen algo que no es distinto al silencio de las estrellas, la muchacha que soñamos anoche aparece en la esquina, todo es real y está bien instalado en su realidad, todo está dispuesto a cambiar. Soriano ya es otro; ya es, al fin, *él mismo*. Ha descubierto el viejo secreto de la metamorfosis y se ha reconquistado.

Vuelvo el rostro: no hay nadie. El pintor ha desaparecido. Algunos esperamos, confiadamente, en su regreso.

UN NUEVO PINTOR: PEDRO CORONEL

La creación artística es aventura. El primer verso, la primera pincelada, son un primer paso en lo desconocido. Paso siempre irreparable, siempre imborrable. Nunca es posible regresar al punto de partida. Atrás y adelante se abren abismos. Y no hay nada en torno nuestro, excepto el espacio ávido, el silencio de la página o del lienzo en blanco. Pero el artista verdadero presiente cuál es su destino final. Le basta cerrar los ojos para recordar: allá lejos los colores cantan y las formas se unen o separan — bosque de humo, ciudad de niebla, mujer de bruma —, deshechos apenas las manos los rozan. Crear es poblar el mundo vacío con esas imágenes un día entrevistas y que sólo cesan de perseguirnos cuando encarnan en un cuadro o en un poema.

Asistimos hoy a una nueva aventura. Tras diversos titubeos ante lo *conocido-desconocido* que lo fascina, Pedro Coronel se ha arriesgado a dar el primer paso. Y ya no podrá retroceder. Sin duda él sabe mejor que nosotros a dónde quiere ir y qué le espera al final de su viaje. Mas los cuadros que ahora expone nos dicen ya que se dirige hacia sí mismo, hacia su propia verdad, esa verdad que no será del todo suya hasta que él mismo no se confunda totalmente con ella.

Pintura solicitada por muchas tentaciones, sensibilidad — o mejor: sensualidad, en la aceptación más libre y salvaje del término — que no se rehúsa a las experiencias más contradictorias; asimismo, pintura que poderosamente tiende a una síntesis de todo lo aprendido y todo lo soñado; sensibilidad que no teme ser habitada por presencias ajenas

212

porque sabe que toda influencia, si lo es de verdad y la sufre
alguien digno de ella, no es nunca un obstáculo sino un
punto de partida. Si fuésemos críticos diríamos que Coronel
está a la altura de sus modelos. Sólo que así habríamos
dicho la mitad de la verdad. La otra la constituyen ese poder
recreador de formas, ese gran apetito de mundo — espacios,
colores, volúmenes, cosas tangibles — que delata siempre
al pintor auténtico, esa valentía y arrojo con la materia y,
en fin, esa inocencia apasionada. Pasión: palabra clave en
el universo de Coronel. En su pintura reina la pasión.
Frente al arte de propaganda y al arte abstracto, Coronel nos
muestra que la verdadera fuente de la poesía y la pintura
está en el corazón. Pasión se llama la fuerza que lucha
contra la pesadez mineral de las grandes figuras que inva-
den algunas de sus telas; pasión lo que arde en sus colores
hasta no ser sino un resplandeciente trozo de materia deso-
llada, en un cielo deshabitado; y el lento movimiento de sus
azules y rojos — cubriendo sus cuadros como un sol que
extiende su plumaje en el centro del cielo, como un mar que
despliega su manto hirviente sobre una playa de piedra —
es pasión magnífica y suntuosa. Todas las reservas y las
dudas del espectador desaparecen ante este candor poderoso.
¿Es necesario añadir que muy pronto Pedro Coronel será
uno de nuestros grandes pintores?

México, 1954

CUAUHTÉMOC *

Político, periodista y escritor, Héctor Pérez Martínez se interesó siempre por la historia. No es nada casual este interés. Ortega y Gasset ha mostrado que el pasado es función del futuro. La tradición es siempre recreación: resurrección de lo que fue tanto como su re-ordenación conforme a la perspectiva de nuestro proyecto histórico. La voluntad de futuro pone de pie a los muertos e impone un orden a sus obras. Así, al volver los ojos hacia nuestro pasado e interrogarse sobre el sentido de esa masa de escombros, Pérez Martínez busca los signos del futuro de México. Su obra aspira a comprender para fundar. Esta comprensión es, a su manera, poesía e invención. Toda historia, cuando es algo más que acumulación de fechas, es invención; quiero decir: no es un mero sacar a luz el pasado sino que es también un insertarlo dentro de una realidad en marcha. Desde este punto de vista, el libro de Pérez Martínez es típico de la actitud del escritor mexicano contemporáneo: es una pregunta al pasado y asimismo es una respuesta a la pregunta que el pasado nos hace. Nosotros somos los que tenemos que decir las palabras finales del diálogo mortal que iniciaron Cuauhtémoc y Hernán Cortés.

Toda pregunta contiene, implícita, su respuesta. La formulación de un problema supone ya los elementos de la posible resolución; y de la autenticidad de la pregunta depende, precisamente, la libertad que se otorga a la respuesta para darse o no. Al formular su pregunta, Pérez Martí-

* Prólogo a la edición francesa del libro de Héctor Pérez Martínez, *Cuauhtémoc: vida y muerte de una cultura.*

nez no parte de un sistema rígido de ideas previas. En esto sigue a la Revolución Mexicana. Como es sabido, este movimiento no fue el fruto de una «ideología», en el sentido de un esquema intelectual impuesto a la realidad por el espíritu geométrico; por eso, aun en plena lucha civil, la Revolución Mexicana jamás practicó el terror organizado sino la violencia popular. La violencia, cuando es explosión espontánea, es saludable. El espíritu de sistema, hijo del racionalismo del siglo XVIII, hizo desembocar las revoluciones europeas en la tiranía burocrática o en la restauración cesárea; las instituciones mexicanas, en cambio, se fueron creando poco a poco, alimentadas por el espíritu de rebelión y según lo iba exigiendo el libre juego del combate. Pues bien, el Cuauhtémoc de Pérez Martínez participa de esta flexibilidad. Su libro no es un juicio sino una evocación del pasado. Su método es doble; la empresa del historiador coincide con la ciencia por el rigor de la investigación; con la creación artística, por su respeto a la libre y moviente objetividad de la realidad. Pérez Martínez no creía poseer la llave de la historia. Sabía que los poderes del hombre sobre el futuro son harto precarios; de ahí que su imagen del pasado no dependa tanto de su idea del futuro cuanto de su búsqueda de ese mismo futuro. Lejos de postular una verdad, Pérez Martínez interroga, busca: quiere saber quién fue Cuauhtémoc. Y quiere saberlo porque piensa que el caudillo azteca le dirá el secreto — o una parte del secreto — de México. Quizá Pérez Martínez no acertó con la respuesta total, pero su libro es ya, en su limitación, una contestación: México es búsqueda.

Tentativa de comprensión, el estudio de Pérez Martínez escapa a la mezquindad del «indianismo» como a la soberbia vacía del «hispanismo». No se puede reducir la historia al tamaño de nuestros rencores. El Cortés que nos pinta Diego Rivera es tan falso como el Cuauhtémoc que nos describe Vasconcelos. Si se empequeñece a uno de los antagonistas, se degrada al otro: Cuauhtémoc y Cortés son inseparables. La caída de Tenochtitlan es trágica por las mismas razones que hacen trágico el derrumbe de Ilión. La moral de la historia es siempre trágica: conjunción de destinos, choque de mundos. Cuauhtémoc y Cortés están vivos en la imaginación de todos los mexicanos y no dejan de luchar secretamente en el interior de cada uno de nosotros. Negar a uno es negar al otro y negarnos a nosotros mismos. Sus sombras forman la substancia de nuestro destino. Pérez Martínez amó a los indios pero su pasión no era exclusiva y en su pecho había sitio para el pueblo español. Por eso — a diferencia de los artistas rencorosos — pudo escribir con limpieza la vida de Cuauhtémoc.

En el primer capítulo de su libro, Pérez Martínez subraya el carácter total de la religión azteca. Lo sagrado impregnaba todas las actividades del pueblo y apenas había gesto o actitud que no estuviese teñida de religiosidad. La vida se petrifica en el rito. Para los aztecas la guerra era una fiesta religiosa, esto es, una reproducción de la lucha cósmica; combatir era representar ritualmente la eterna muerte y resurrección universales. Sólo desde esta perspectiva pueden entenderse muchas de las actitudes de los aztecas ante los españoles. Y uno de los méritos de Pérez Martínez es haber subrayado este hecho. Sin embargo, me parece que pasa por alto algo que juzgo decisivo: el análisis de la naturaleza de la religión azteca y, consecuentemente, del Estado y de lo que llamaríamos la «ideología» de los mexicanos.

La religión azteca, como sus templos, está hecha de la superposición de creencias y conceptos: un edificio recubre a otro; un dios a otro. Los primitivos dioses aztecas eran divinidades guerreras y cazadoras, según conviene a un pueblo nómada; más tarde, al establecerse en el Valle de México, adoptaron los dioses de los pueblos que los antecedieron. La rápida carrera que los lleva a la dominación política corre pareja con su no menos rápida absorción de la cultura tolteca. Ahora bien, toda asimilación de una alta y compleja civilización por un pueblo bárbaro o semibárbaro, implica también una desnaturalización y una simplificación de esa misma cultura. Ciertos trabajos recientes, especialmente los de Laurette Sejournée, confirman que el Estado azteca se sirvió de la religión de Quetzalcóatl de una manera que no es muy distinta a la seguida por otros Estados, imperialistas o tiránicos, con viejas filosofías y religiones: como un instrumento de dominación política, por una parte; y por la otra, como una justificación intelectual. La función de la religión tolteca no fue distinta a la del helenismo en el mundo antiguo; la supremacía política azteca se fundaba en la hegemonía cultural tolteca, como el poderío romano en la universalidad del helenismo. Aztecas y romanos se proclaman herederos de una alta tradición que justifica su soberanía sobre los otros pueblos. Además, la religión tolteca le sirve al Estado para autodivinizarse. La interpretación azteca de la religión de Quetzalcóatl tendía a cubrir con el prestigio de lo sagrado la opresión más desenfrenada e inhumana. Esta interpretación estaba en proceso de elaboración a la llegada de los españoles; y de ahí que en el seno del pensamiento religioso azteca sean perceptibles dos cultos, que se entrelazan sin fundirse del todo: el de Huitzilopochtli, el dios solar de los guerreros, y el de Quetzalcóatl, la divinidad de los sacerdotes. Ambos piden sangre. Pero el primero es el dios de la matanza y la guerra; el segundo, de la mortificación, la penitencia y el ascetismo. Los dos encarnan las tendencias fundamentales del hombre, el doble instinto de matar y morir, de sacrificar al prójimo y de sacrificarse por el prójimo.

En *La Pensée Cosmologique des Anciens Mexicains*, Soustelle observa que este dualismo corresponde a los ideales de cada una de las fracciones de la clase dirigente, guerreros y sacerdotes. Los atributos del dios reflejan los apetitos y las esperanzas de sus adoradores. No es aventurado suponer que la llegada de los españoles provocó inmediatamente una doble reacción entre los caudillos aztecas. Moctezuma siente la fascinación del suicida ante Cortés. No es un azar que haya visto en el conquistador a Quetzalcóatl. Cierto, al poco tiempo se desengaña; pero su rebelión es tardía. Estaba vencido de antemano; desfallece porque en él triunfa la tendencia a la autodestrucción. Cuauhtémoc representa el movimiento opuesto, polarizado en la figura terrible de Huitzilopochtli. La Conquista de México puede explicarse, desde la religión azteca, como una última representación de sus mitos grandiosos. En este sentido, la Conquista es, ni más ni menos, una fiesta.

La caída de Tenochtitlan se inicia con el abandono de los dioses. Antes que deserten los amigos y vasallos, las divinidades dan la espalda a su pueblo. Por eso, el hecho determinante de la Conquista, tanto como su necesaria consecuencia, fue la orfandad de todos los indios. Sus lazos con lo sagrado se rompieron. En otro ensayo he intentado describir la función compensadora del catolicismo mexicano. Es significativa la rapidez con que se extendió por todo el antiguo Anáhuac el culto a la Virgen de Guadalupe. Su templo, construido sobre los restos de la antigua pirámide consagrada a Tonantzin, diosa de la fertilidad, es todavía la Meca de los mexicanos. Se trata, sin duda, de un regreso a las viejas divinidades femeninas: el rasgo característico de la religiosidad mexicana consiste en este volver a las entrañas de la diosa madre. No deja de ser reveladora, por otra parte, la vitalidad y permanencia del culto a Cuauhtémoc. El último jefe azteca es un mito popular. En otra época habría sido deificado. Divinidad en potencia, Cuauhtémoc encarna el culto al dios joven, que muere peleando para dar vida. Su figura polariza otra de las corrientes de la sensibilidad mexicana. Si Guadalupe-Tonantzin encarna la vieja relación con el cosmos a través de la madre divina, Cuauhtémoc representa, por el contrario, la soledad del héroe, que lucha y muere solo, abandonado por los dioses y los hombres.

Explicar el mito, desentrañar su sentido, es humanizarlo. Y. al mismo tiempo, aclarar el sentido de nuestra historia. El mito es el jeroglífico de nuestro destino. Si el libro de Pérez Martínez no nos ofrece una clave, es un punto de partida para una futura elucidación. Su libro se propone iluminar nuestros conflictos para que tengamos conciencia de nosotros mismos.

París, noviembre de 1951

CUADERNOS AMERICANOS *

Muchas son las razones que nos mueven a manifestar nuestra admiración y amistad a Jesús Silva Herzog. En primer término, la persistencia, la perseverancia en el esfuerzo: durante trece años *Cuadernos Americanos* han mantenido la continuidad del pensamiento libre entre nosotros. Este solo hecho suscita nuestra admiración. Mas la admiración se transforma en amistad cuando se advierte que el verdadero nombre de la perseverancia de Jesús Silva Herzog es: fidelidad. A lo largo de estos trece años, *Cuadernos Americanos* se ha mantenido fiel a unas cuantas cosas que todos juzgamos esenciales y sin las cuales la vida y la cultura nos parecen, al mismo tiempo, impensables e invisibles.

¿Y a qué ha sido fiel Jesús Silva Herzog durante tantos años? A nada determinado, a ningún programa, sistema o filosofía, a ningún valor particular, sino a aquello que hace posible todos los valores y filosofías. A una vieja palabra, usada, desgastada y manoseada, palabra alcahueta, con la que hacen gorgoritos retóricos los oradores, por la que se mata y la que se muere, por la que se encarcela y se fusila, palabra antifaz, máscara, venda, mil veces profanada y que parece no significar ya nada concreto y ser sólo mero sonido, humo, mentira. Pero esta palabra resiste y sobrevive a los usos perversos de la retórica, de la política y del poder. En ella muchos nos reconocemos. Como el alba en el poema

* En el decimotercer aniversario de *Cuadernos Americanos*.

de Hölderlin, la libertad nace todos los días con un ruido de armas. Jesús Silva Herzog ha sido fiel a esa vieja palabra y por esto merece el homenaje de nuestra admiración y amistad.

La libertad provoca y mantiene amores tan sin doblez y fidelidades tan enteras porque es algo más que una idea o una noción, algo más que una cosa o un bien que se da y se recibe y que está fatalmente condenado a la afrenta de la vejez y a la degradación de la muerte. Las ideas nacen y mueren pero la libertad permanece. Y ésta perenne vitalidad le viene de ser algo más antiguo que todas las ideas y los valores. La libertad es la condición misma de nuestro ser y la fuente de todas nuestras obras. Inseparable del hombre, su ser se confunde con el nuestro. Es nuestra creadora, nuestra creación y el horizonte en donde se despliegan nuestras creaciones. De ahí, también, que no se pueda hablar de una libertad absoluta — ya que el ser hombre nos veda el ser absoluto — ni tampoco de una libertad abstracta, fuera de nosotros, ya que encarna en cada hombre y asume la diversidad infinita de los hombres. La libertad es esa posibilidad de ser que se nos da por el mero hecho de ser hombres. Mas es una posibilidad concreta e irrepetible. La libertad es una creación y una conquista. Creación y conquista: no de esto o aquello, y menos que nada de nuestros semejantes, sino de nosotros mismos. El ejercicio de la libertad es siempre una conquista de los territorios incógnitos del ser. Mientras aquel que ejerce el poder sobre sus semejantes quiere apropiarse del ser de los otros y así *ser más,* el hombre realmente libre quiere *más ser.*

La libertad abstracta es muchas veces la máscara del poder. Por ejemplo, en estos días, con el pretexto de defenderla, se atacan algunas medidas adoptadas por Guatemala. Ahora bien, todos sabemos que esas medidas sólo tienden, de una manera concreta y limitada, a librar de ciertas trabas económicas y sociales a una pequeña nación. En este

221

caso; la libertad abstracta es una palabra sin sustancia, una noción sin ningún contenido real.[1]

Recientemente se ha vuelto a hablar entre nosotros, también en nombre de nociones abstractas como la revolución y la libertad, del arte como instrumento, arma de combate o herramienta. Nada más peligroso que esta bárbara confusión, destinada a justificar las peores abdicaciones del pensamiento libre. Esta falacia envilece y niega aquello mismo que pretende defender. Los útiles y herramientas viven en la esfera de la técnica. La técnica es procedimiento y vale por su eficacia, es decir, en la medida en que es procedimiento susceptible de aplicación repetida. Su valor dura hasta que surge un nuevo procedimiento. La técnica es repetición que se perfecciona o se degrada. Es herencia y cambio: el fusil reemplaza al arco, el tractor al arado, el ferrocarril a la diligencia. *La Eneida,* en cambio, no sustituye a *La Odisea,* ni el Sagrario Metropolitano a un templo azteca. Cada poema, cada cuadro, cada obra artística, es un objeto único, irrepetible e insubstituible, creado por una «técnica» que muere en el momento mismo de la creación. No hay recetas para escribir novelas o poemas. La llamada «técnica artística» no es trasmisible, porque no está hecha de recetas sino de invenciones y descubrimientos que sólo sirven a su creador. Cada obra es una totalidad irreductible, irrepetible y autosuficiente. Por eso, la tradición artística, al contrario de lo que ocurre con la de la técnica, no es una herencia sino una conquista, algo que inventa cada creador. Todo artista escoge a sus abuelos, es decir, a sus modelos y arquetipos.

No son éstas, con ser decisivas, las únicas razones que nos prohíben considerar a la literatura y al arte como meros

---

[1] Como es sabido, esos ataques culminaron en el golpe de Estado, preparado y dirigido desde el exterior, que derrocó al gobierno legal de Guatemala.

instrumentos o utensilios. Lo que distingue a todos los utensilios y lo que determina su valor es su utilidad. La plena utilidad se logra cuando el utensilio no ofrece resistencia alguna a la mano que lo empuña. De ahí que todas las herramientas, desde las más simples hasta las más complejas, tengan como cualidad primordial el ser manejables. Ahora bien, una de las características del hombre consiste en su capacidad de decir: *no*. En toda sociedad humana se presenta ese fenómeno que Marx llamaba «enajenación» y que consiste en reducir una parte del grupo social a la condición de instrumento, medio o cosa. Pero, a diferencia de lo que ocurre con las cosas de verdad, los hombres se rebelan contra su condición de herramientas. Los obreros que acuden a la huelga, la mujer que escoge el amor — el *loco amor* —, el hijo pródigo, el suicida, el mártir que no se doblega, el héroe, son gente que se niega a ser herramienta. Todos los hombres, por el hecho de serlo, alguna vez nos hemos negado a ser cosas. Un martillo, en cambio, jamás se rebela contra su condición. El hombre, por definición, es aquel ser que duda, reniega, abdica, cede y, en fin, se afirma frente a los otros, inclusive cuando se niega. Y ese elemento imprevisible, núcleo secreto e incógnito siempre, es el que hace hombre a cada hombre. Pues bien, el arte no hace sino descubrir esa parte del hombre en donde se enlazan libertad y destino, posibilidad de ser o caída en el mundo de las cosas y los instrumentos.

Al decir que el arte revela la parte secreta del hombre, el nudo de su ser, me expreso de una manera imperfecta. En verdad no se trata de una revelación sino de una creación. Contra lo que comúnmente se cree, el arte no expresa al hombre, porque éste no es algo dado, una substancia ya hecha y que puede ser «expresada». El hombre — según se ha dicho muchas veces — es un continuo inventarse, un permanente hacerse. Expresión, así, es creación (y no sólo de la obra, sino de su creador mismo y de aquel que después, por la lectura o la contemplación, la recrea). La obra de arte nos abre un destino que cumplir, una posibilidad de ser. Mas se trata de una posibilidad que ya está implícita en nosotros. El arte es descubrimiento de nuestras posibilidades vitales tanto como invitación a encarnarlas. Por eso una obra de veras valiosa se ofrece siempre como un modelo o arquetipo vital. El arte no es un espejo en el que nos contemplamos sino un destino en el que nos realizamos. En esto radica su valor subversivo y creador. La tragedia no sólo nos «purga» de las pasiones; también, y acaso más profundamente, nos contagia, despierta nuestra simpatía, nos llama a realizarnos en el heroísmo.

Gran parte de la historia del arte no es sino la historia de la enajenación y confiscación de sus poderes de liberación y de contagio, puestos al servicio de un imperio, una política o un dogma. Pero, aun en sus momentos de mayor servidumbre, el arte trasciende los límites que los poderes históricos tratan de imponerle. Garcilaso sobrevive a Carlos V, Quevedo a la Contrarreforma. El arte sobrevive a los partidos, a los imperios y a los dioses. En su esencia última el arte no sirve a nadie, ni siquiera a la libertad, porque es la libertad misma, el hombre mismo, creándose infatigablemente, empezando siempre y siempre revelándose. Conquista y creación del ser, revelación y encarnación del hombre en una obra: acto irrepetible, único, total.

México, 1954

ÍNDICE ALFABÉTICO

ÍNDICE

Impreso en el mes de octubre de 1990
en Talleres Gráficos DUPLEX, S. A.
Ciudad de Asunción, 26
08030 Barcelona